啄木鸟
生活与法律指引

买卖合同纠纷101问

刘祎　李欣欣　著

華中科技大學出版社
http://www.hustp.com
中国·武汉

图书在版编目（CIP）数据

买卖合同纠纷101问 / 刘祎，李欣欣著. — 武汉：华中科技大学出版社，2021.8
（啄木鸟生活与法律指引书系）

ISBN 978-7-5680-7486-5

Ⅰ. ①买…　Ⅱ. ①刘…　②李…　Ⅲ. ①买卖合同－合同纠纷－中国－问题解答　Ⅳ. ①D923.65

中国版本图书馆CIP数据核字（2021）第170348号

买卖合同纠纷101问
Maimai Hetong Jiufen 101 Wen

刘　祎　李欣欣　著

策划编辑：郭善珊
责任编辑：张　从
封面设计：张　靖
责任监印：朱　玢
出版发行：华中科技大学出版社（中国·武汉）　电话：（027）81321913
武汉市东湖新技术开发区华工科技园　邮编：430223
录　　排：北京欣怡文化有限公司
印　　刷：武汉旭辉印务有限公司
开　　本：880mm × 1230mm　1/32
印　　张：6
字　　数：120千字
版　　次：2021年8月第1版第1次印刷
定　　价：39.00元

华中出版

本书若有印装质量问题，请向出版社营销中心调换
全国免费服务热线：400-6679-118，竭诚为您服务

前　言

法治是最好的营商环境。我国新颁布实施的《中华人民共和国民法典》合同编一共分为三个分编（通则、典型合同、准合同），共计五百二十六条，占《民法典》条文总数的百分之四十以上，几乎占据《民法典》的半壁江山。作为民商事领域中最常见、数量最多、用途最广的合同，其中的买卖合同既与人民生活息息相关，又与国家经济发展密切相连。

从传统的货物买卖到新兴的网络交易，随着社会经济发展，发达的交通运输业、信息产业让商品交易方式有了跨越式的发展，人们在享受经济效益提升和生产生活便利的同时，也将要或正在面临更多不同形式买卖纠纷的出现。网络卖家“玩失踪”如何证明合同成立，货物符合国家标准但达不到合同约定标准能否解除合同，交易约定不明时电子信息等无形产品的所有权何时转移，电商网站以《服务协议》《支付服务协议》约定争议管辖法院是否合理……看似最常见的交易环节，可能隐藏着最容易被忽略的细节，人们可能因为缺乏基本法律知识而陷入纠纷。为此，本书采用提问式对照法条为体例展开对合同一般、基础原理进行介绍，甄选全国法院生效判决以及笔者日常办理案件中较为集中、典型的买卖合同相关纠纷，将看似晦涩的法条以更加浅显、通俗的解读方式呈现在各位读者面前。

有问有答，快速释疑。以案说法，通俗易懂。看似简要的体例和内容，是笔者多年法律实践的总结、梳理和提炼之缩影，其中更多侧重于为近年来出现的新问题提供实务之方法，如存在值得商榷之处，恳请各位读者多多批评指正。短短篇章，难述尽法律浩瀚之义，唯愿此书能为读者在防范或解决所遇到的买卖合同困惑时尽绵薄之力，亦能助读者在翻阅有针对性的重点法条问答和生动真实的案例里真切感受到法律的内涵、汲取法律的智慧。

目 录

第一章　买卖合同 101 问 & 以案释法

第一节　买卖合同的订立

一、合同的成立

1　是否必须以书面形式订立买卖合同？

根据《中华人民共和国民法典》（以下简称《民法典》）第四百六十九条规定，当事人订立合同，可以采用书面形式、口头形式或者其他形式。书面形式是合同书、信件、电报、电传、传真等可以有形地表现所载内容的形式。以电子数据交换、电子邮件等方式能够有形地表现所载内容，并可以随时调取查用的数据电文，视为书面形式。在日常生活中，合同的表现形式是多种多样的，比如双方通过语言达成一致的，是口头形式，其他形式还有手势、约定的行为、默示等。虽然合同有很多表现形式，但为了有效地避免纠纷，建议在订立合同时采用书面形式。

2 订立买卖合同时，如何确定对方当事人主体是否适合？

根据我国相关法律法规规定，当事人订立合同，应当具有相应的民事权利能力和民事行为能力。当事人依法可以委托代理人订立合同。可见，订立买卖合同时，要先明确对方当事人是自然人还是法人。自然人的民事行为能力按照其年龄、智力和精神状况分为完全民事行为能力人、限制民事行为能力人和无民事行为能力人。如果合同相对方是自然人，应当核实对方是否符合一定的年龄条件，有无订立合同应当具备的相关能力以及财产资信等情况。而法人的民事行为能力从法人成立时产生，到法人终止时消灭。如果合同相对方是法人，应当核实对方的营业执照、组织机构代码证以及交易所需要的特许文件、法定代表人或授权代理人所使用的公章是否在公安机关备案等情况。

3 可否委托他人签订买卖合同？

根据我国相关法律法规规定，具有人身性质的合同是不允许他人代为签订的，只能由当事人自行订立，如收养协议、离婚协议等。买卖合同不属于上述具有人身性质的合同，可以委托签订。但需要提醒的是，若有特别约定要求当事人本人必须亲自订立合同的，则只能由当事人自行订立，不得委托。

4 买卖合同成立的地点如何确定？

根据《民法典》第四百九十一条的规定，当事人采用信件、数据电文等形式订立合同要求签订确认书的，签订确认书时合同成立。当事人一方通过互联网等信息网络发布的商品或者服务信息符合要约条件的，对方选择该商品或者服务并提交订单成功时合同成立，但是当事人另有约定的除外。第四百九十二条规定，承诺生效的地点为合同成立的地点。采用数据电文形式订立合同的，收件人的主营业地为合同成立的地点；没有主营业地的，其住所地为合同成立的地点。当事人另有约定的，按照其约定。同时，第四百九十三条还规定，当事人采用合同书形式订立合同的，最后签名、盖章或者按指印的地点为合同成立的地点，但是当事人另有约定的除外。

根据上述法律规定，买卖合同成立的地点大致可根据以下规则确定：（1）以合同书的形式订立合同的，双方签字盖章即表示合同成立，双方最后签名、盖章或者按指印的地点就是合同成立地点；（2）以数据电文等形式订立合同的，收件人的主营业地为合同成立的地点；（3）以数据电文等形式订立合同的，收件人如没有主营业地的，其住所地为合同成立的地点。

5 买卖合同约定履行地点不明确的，如何确定？

根据《民法典》第五百一十条规定，合同生效后，当事人就质量、价款或者报酬、履行地点等内容没有约定或者约定不明确的，可以协议补充；不能达成补充协议的，按照合同相关条款或者交易习惯确定。同时，第五百一十一条还明确，当履行地点不明确时，给付货币的，在接受货币一方所在地履行；交付不动产的，在不动产所在地履行；其他标的，在履行义务一方所在地履行。

6 欠条能否作为买卖合同成立的认定依据?

按照《最高人民法院关于审理买卖合同纠纷案件适用法律问题的解释》(2020修正)第一条的规定，当事人之间没有书面合同，一方以送货单、收货单、结算单、发票等主张存在买卖合同关系的，人民法院应当结合当事人之间的交易方式、交易习惯以及其他相关证据，对买卖合同是否成立作出认定。对账确认函、债权确认书等函件、凭证没有记载债权人名称，买卖合同当事人一方以此证明存在买卖合同关系的，人民法院应予支持，但有相反证据足以推翻的除外。由此可见，如果欠条内容能够明确显示双方交易过程，是双方当事人的真实意思表示，且未违反法律法规强制性规定的，可据此认定存在买卖合同关系。

7 签名潦草、无法识别数据电文发送方，能否确认电子合同成立?

根据《民法典》第四百六十九条规定，当事人订立合同，可以采用书面形式、口头形式或者其他形式。书面形式是合同书、信件、电报、电传、传真等可以有形地表现所载内容的形式。以电子数据交换、电子邮件等方式能够有形地表现所载内容，并可以随时调取查用的数据电文，视为书面形式。同时，根据《中华人民共和国电子签名法》(以下简称《电子签名法》)的相关规定，数据电文必须符合法律、法规要求的书面形式，必须是能够识别数据电文的发件人、收件人及发送、接收时间的，才能满足法律、法规规定的文件保存要求。由此可见，若电子传真件具有无法确认发送方、字迹潦草无法辨认签署人等情形，且无其他证据形成完整证据链条予以证明的，不能确认存在买卖合同关系。

8 网络卖家“玩失踪”，如何证明合同成立？

根据《最高人民法院关于审理买卖合同纠纷案件适用法律问题的解释》（2020 修正）第一条规定，当事人之间没有书面合同，一方以送货单、收货单、结算单、发票等主张存在买卖合同关系的，人民法院应当结合当事人之间的交易方式、交易习惯以及其他相关证据，对买卖合同是否成立作出认定。对账确认函、债权确认书等函件、凭证没有记载债权人名称，买卖合同当事人一方以此证明存在买卖合同关系的，人民法院应予支持，但有相反证据足以推翻的除外。因此，就网络卖家“玩失踪”的情形，买家可以通过提供相应交易电子回单、订单信息、物流信息、商品实物等证据，请求认定买卖合同关系进行维权。

【案例 1-1】交易数量是否为买卖合同必备条款？

2018 年 3 月 25 日，刘某与翁某就买卖废铁废机器达成合意，刘某当日通过银行转账方式向翁某支付定金 0.5 万元。2018 年 3 月 28 日，刘某（乙方）与翁某（甲方）签订《买卖废铁废机器合同》，双方约定：“甲乙双方就废铁废机器买卖 54 万元，分三次付款，第一次付 14 万元，第二次付 25 万元，第三次付 15 万元。拉铁时间 2 个月左右，废铁废机器存放在两个地方。”签订合同后，刘某派车进入场地拉走部分货物（即废铁废机器），支付翁某累计货款 48 万元（含已支付定金 0.5 万元）。

后双方发生纠纷。刘某向法院起诉，以翁某拒绝交付剩余货物，构成违约为由要求解除买卖合同，并要求翁某返还财物、支付利息。翁某也提出了反诉，要求刘某承担相应违约责任，即支付余下货款6万元及利息和场地占用费。

由于《买卖废铁废机器合同》中未对合同标的物（即废铁废机器）的数量及其所在范围进行明确约定，双方亦无法达成补充协议，法院组织了现场勘验，但仍无法确定合同标的物的数量及范围。

律师指引 根据《民法典》第四百七十条规定，合同的内容由当事人约定，一般包括下列条款：（一）当事人的姓名或者名称和住所；（二）标的；（三）数量；（四）质量；（五）价款或者报酬；（六）履行期限、地点和方式；（七）违约责任；（八）解决争议的方法。当事人可以参照各类合同的示范文本订立合同。同时，根据《民法典》第五百九十六条规定，买卖合同的内容一般包括标的物的名称、数量、质量、价款、履行期限、履行地点和方式、包装方式、检验标准和方法、结算方式、合同使用的文字及其效力等条款。如上所述，在日常交易中，双方当事人签订买卖合同需要明确约定标的、数量等内容，标的物的数量属于买卖合同的必备条款。

在上述案例中，双方签订的《买卖废铁废机器合同》对合同标的物（即废铁废机器）的数量仅约定为“废铁废机器存放在两个地方”，属于对合同标的物数量约定不明，且双方后续未能对标的物数量达成补充协议或一致意见，法院组织的现场勘验也未能确定合同标的物的数量及范围。因此，双方签订的《买卖废铁废机器合同》缺乏明确的标的物数量这一成立要件，合同不能成立；而在《买卖废铁废机器合同》并未成立的情形下，刘某不能要求解除合同、要求翁某返还财物并支付利息。同理，翁某基于并未成立的《买卖废铁废机器合同》要求刘某承担相应违约责任，即支付余下货款 6 万元及利息和场地占用费的反诉请求，也缺乏事实及法律依据。

【案例 1-2】双方互不相识，凭送货收据能否认定买卖合同成立？

2015 年 8 月 5 日至 9 月 24 日期间，经第三人张某介绍，杨某（卖方）陆续向付某（买方）供应月饼 713 箱共 7130 斤，双方协商每斤价格为 4.4 元，货款共计 31372 元。付某收货后在送货收据上签名并注明“未付款”字样，且一直未向杨某付款。

杨某数次追讨货款，均遭到付某拒绝。付某称不认识杨某，只是结账时见过一面，虽然杨某出示的送货收据为自己所签，供货数量也没有错，但自己的供货商不是杨某而是张某；同时，自己与张某协商的价格是每斤 5 元，货款已与张某结清（付某为此还出具了转账凭证）。但杨某提出，付某提供的转账凭证显示收款人不是张某，也没有显示支付货款的信息，不能证明已经结清货款。

➡ 律师指引　根据《最高人民法院关于审理买卖合同纠纷案件适用法律问题的解释》（2020 修正）第一条规定，当事人之间没有书面合同，一方以送货单、收货单、结算单、发票等主张存在买卖合同关系的，人民法院应当结合当事人之间的交易方式、交易习惯以及其他相关证据，对买卖合同是否成立作出认定。对账确认函、债权确认书等函件、凭证没有记载债权人名称，买卖合同当事人一方以此证明存在买卖合同关系的，人民法院应予支持，但有相反证据足以推翻的除外。

在上述案例中，杨某供货后，付某应如约支付货款。付某虽辩称其供货商是张某且已与张某结清货款，但其提交的转账凭证显示收款人不是同一人，且未显示支付的是货款，不能认定付某已经结清货款。关于货款，因双方对供货数量均无异议，且杨某主张的单价未高于付某的陈述，故付某应当按照每斤4.4元的单价支付货款。

【案例1–3】法定代表人更换后，凭原收货单能否认定买卖合同成立？

自2013年，施某向C餐饮有限公司（以下简称“C公司”）供应粮油。由于与C公司合作期间有部分货款一直未结，施某向法院起诉，要求C公司向其支付拖欠的货款76025元。

C公司表示，公司之前的法定代表人是张某，新的法定代表人汪某从2015年10月1日接手，并于2015年11月6日变更了工商登记。新的法定代表人汪某和原法定代表人张某之间签订了《转让协议》，公司之前的债权债务由张某承担，公司不存在拖欠施某货款的情形。C公司还表示，不认可施某所持的仅有原法定代表人签字的收货单以及用途注明为“工资”的现金支票凭证。C公司原法定代表人张某未到庭。

➲ 律师指引　根据《最高人民法院关于适用〈中华人民共和国民事诉讼法〉的解释》第九十条的规定，当事人对自己提出的诉讼请求所依据的事实或者反驳对方诉讼请求所依据的事实，应当提供证据加以证明，但法律另有规定的除外。在作出判决前，当事人未能提供证据或者证据不足以证明其事实主张的，由负有举证证明责任的当事人承担不利的后果。同时，《最高人民法院关于审理买卖合同纠纷案件适用法律问题的解释》（2020修正）第一条也规定，当事人之间没有书面合同，一方以送货单、收货单、结算单、发票等主张存在买卖合同关系的，人民法院应当结合当事人之间的交易方式、交易习惯以及其他相关证据，对买卖合同是否成立作出认定。对账确认函、债权确认书等函件、凭证没有记载债权人名称，买卖合同当事人一方以此证明存在买卖合同关系的，人民法院应予支持，但有相反证据足以推翻的除外。

在上述案例中，施某主张 C 公司应当支付货款，对其与 C 公司之间存在买卖关系的事实承担举证责任。由于施某与 C 公司之间无书面买卖合同，施某提交的收货单中虽有原法定代表人张某签名字样，但张某未到庭确认，仅凭收货单无法证明施某与 C 公司之间存在买卖关系。同时，施某提供的现金支票虽系 C 公司出具，但该现金支票用途一栏注明为“工资”而非货款，故不能证明 C 公司曾用该支票向施某支付过货款。

【案例 1-4】买方自称介绍人的，能否认定买卖合同成立?

曹某以 H 混凝土有限公司（以下简称“H 公司”）的名义与岳某达成口头买卖合同，约定岳某从 H 公司购买混凝土，由 H 公司负责将混凝土送到岳某指定的工地。2014 年 5 月 8 日至 2014 年 10 月 30 日间，H 公司多次向岳某指定的工地供货。2014 年 10 月 30 日，曹某以某公司名义与岳某结算，确定岳某所欠混凝土款为 533910 元。岳某在结算单上签字确认，并注明“款未结小票以（已）取走”。2016 年 1 月 20 日，H 公司出具证明载明：现 H 公司通过经办人曹某卖给岳某的所有混凝土业务，所产生的债权全部转移给曹某。

岳某提出，H 公司无权将债权转让给曹某，自己也没有收到 H 公司或曹某的债权转让通知。同时，岳某还否认自己与H公司存在买卖关系，提出自己只是向H公司介绍业务并收取介绍费，不存在买卖关系，也不欠H公司货款。

律师指引 根据《最高人民法院关于审理买卖合同纠纷案件适用法律问题的解释》（2020 修正）第一条的规定，当事人之间没有书面合同，一方以送货单、收货单、结算单、发票等主张存在买卖合同关系的，人民法院应当结合当事人之间的交易方式、交易习惯以及其他相关证据，对买卖合同是否成立作出认定。对账确认函、债权确认书等函件、凭证没有记载债权人名称，买卖合同当事人一方以此证明存在买卖合同关系的，人民法院应予支持，但有相反证据足以推翻的除外。

上述案例中，H公司与岳某经协商达成的口头买卖合同系双方真实意思表示，内容不违反法律和行政法规的强制性规定，也无相反证据推翻上述合法有效的买卖关系。为此，岳某收到货物后，应当支付货款。案例中的欠款金额经结算单确认后，H公司将其与岳某之间的债权转让给曹某。曹某以起诉的方式向岳某追要货款的行为，可视为履行债权转让的通知义务。综上，岳某应向曹某清偿债务。

【案例 1–5】未签订纸质买卖合同的，如何认定电子合同效力？

2016 年 6 月 2 日，B 国际贸易有限公司（以下简称“B 公司”）与 Z 国际商贸有限公司（以下简称“Z 公司”）的付某通过网络联系，由付某将加盖 Z 公司公章的《汽车代购合同》传真发给 B 公司，B 公司盖章后回传给 Z 公司。

B公司作为买方、Z公司作为卖方的《汽车代购合同》约定：买方向卖方购买汽车一辆，总价人民币93万元；买方在合同签订之日向卖方支付人民币5万元作为订金，付清余款后提车；车辆清关完毕后，卖方通知买方，买方全款付清后提车，交车时间为2016年7月30日；本合同双方签字盖章传真后生效，传真件及扫描件均具有法律效力。

2016年6月3日，B公司先后分两次向Z公司法定代表人罗某的银行账户转账3万元、2万元作为合同订金，但迟迟未接到Z公司的提车通知。后双方发生纠纷，Z公司提出电子合同只是表示交易意向，双方没有签订纸质合同，并未形成买卖合同关系。

➲ 律师指引 根据《民法典》第四百六十九条规定，当事人订立合同，可以采用书面形式、口头形式或者其他形式。书面形式是合同书、信件、电报、电传、传真等可以有形地表现所载内容的形式。以电子数据交换、电子邮件等方式能够有形地表现所载内容，并可以随时调取查用的数据电文，视为书面形式。同时，根据《电子签名法》第三条的规定，民事活动中的合同或者其他文件、单证等文书，当事人可以约定使用或者不使用电子签名、数据电文。当事人约定使用电子签名、数据电文的文书，不得仅因为其采用电子签名、数据电文的形式而否定其法律效力。前款规定不适用下列文书：(一)涉及婚姻、收养、继承等人身关系的；(二)涉及停止供水、供热、供气等公用事业服务的；(三)法律、行政法规规定的不适用电子文书的其他情形。

在上述案例中，B公司与Z公司通过网络联系、盖章传真等方式签订了《汽车代购合同》，并在合同中明确约定“本合同双方签字盖章传真后生效，传真件及扫描件具均有法律效力”，符合法律规定的“当事人约定使用电子签名、数据电文的文书”，不得仅因为其采用电子签名、数据电文的形式而否定其法律效力。上述合同系双方当事人真实意思表示，内容不违反法律、法规的强制性规定，合法、有效，当事人应按照合同约定履行义务。因此，合同约定交车时间为2016年7月30日，在车辆清关完毕后，Z公司应通知B公司提车。在B公司按照合同约定向Z公司支付了订金5万元后，Z公司未依约履行通知义务，且以实际行为表明合同不再履行，构成了违约。

二、合同的效力及性质认定

9 可能导致合同无效的事由有哪些?

根据《民法典》第一百四十四条的规定，无民事行为能力人实施的民事法律行为无效。第一百四十六条规定，行为人与相对人以虚假的意思表示实施的民事法律行为无效。以虚假的意思表示隐藏的民事法律行为的效力，依照有关法律规定处理。第一百五十三条规定，违反法律、行政法规的强制性规定的民事法律行为无效。但是，该强制性规定不导致该民事法律行为无效的除外。违背公序良俗的民事法律行为无效。第一百五十四条规定，行为人与相对人恶意串通，损害他人合法权益的民事法律行为无效。

10 违反法律、行政法规的强制性规定的买卖合同，是否必然无效?

根据《民法典》第一百五十三条规定，违反法律、行政法规的强制性规定的民事法律行为无效。但是，该强制性规定不导致该民事法律行为无效的除外。同时,《最高人民法院关于印发 < 全国法院民商事审判工作会议纪要 > 的通知》明确，人民法院在审理合同纠纷案件时，慎重判断“强制性规定”的性质，特别是要在考量强制性规定所保护的法益类型、违法行为的法律后果以及交易安全保护等因素的基础上认定其性质，并在裁判文书中充分说明理由。

11 法律、行政法规规定应当办理批准或登记手续的，合同何时生效？

根据《民法典》第五百零二条规定，依法成立的合同，自成立时生效，但是法律另有规定或者当事人另有约定的除外。依照法律、行政法规的规定，合同应当办理批准等手续的，依照其规定。未办理批准等手续影响合同生效的，不影响合同中履行报批等义务条款以及相关条款的效力。应当办理申请批准等手续的当事人未履行义务的，对方可以请求其承担违反该义务的责任。依照法律、行政法规的规定，合同的变更、转让、解除等情形应当办理批准等手续的，适用前款规定。

12 未按法律、行政法规规定备案能否成为商品房预售合同的无效事由？

按照《最高人民法院关于审理商品房买卖合同纠纷案件适用法律若干问题的解释》(2020 修正)第六条的规定，当事人以商品房预售合同未按照法律、行政法规规定办理登记备案手续为由，请求确认合同无效的，不予支持。当事人约定以办理登记备案手续为商品房预售合同生效条件的，从其约定，但当事人一方已经履行主要义务，对方接受的除外。

13 法律、行政法规禁止或限制买卖的标的物主要有哪些？

（1）专属国家或集体所有的财产

根据《民法典》第二百四十二条规定，法律规定专属于国家所有的不动产和动产，任何组织或者个人不能取得所有权。就“国家所有”的规定，《中华人民共和国宪法》第九条明确，矿藏、水流、森林、山岭、草原、荒地、滩涂等自然资源，都属于国家所有，即全民所有；由法律规定属于集体所有的森林和山岭、草原、荒地、滩涂除外。国家保障自然资源的合理利用，保护珍贵的动物和植物。禁止任何组织或者个人用任何手段侵占或者破坏自然资源。

（2）受国家保护的珍贵动、植物

根据《中华人民共和国野生动物保护法》第二十七条第一款规定，禁止出售、购买、利用国家重点保护野生动物及其制品。同时，《中华人民共和国野生植物保护条例》第十八条规定，禁止出售、收购国家一级保护野生植物。出售、收购国家二级保护野生植物的，必须经省、自治区、直辖市人民政府野生植物行政主管部门或者其授权的机构批准。

（3）部分文物

根据《中华人民共和国文物保护法》第五十条的规定，文物收藏单位以外的公民、法人和其他组织可以收藏通过下列方式取得的文物：（一）依法继承或者接受赠与；（二）从文物商店购买；（三）从经营文物拍卖的拍卖企业购买；（四）公民个人合法所有的文物相互交换或者依法转让；（五）国家规定的其他合法方式。文物收藏单位以外的公民、法人和其他组织收藏的前款文物可以依法流通。第五十一条规定，公民、法人和其他组织不得买卖下列文物：（一）国有文物，但是国家允许的除外；（二）非国有馆藏珍贵文物；（三）国有不可移动文物中的壁画、雕塑、建筑构件等，但是依法拆除的国有不可移动文物中的壁画、雕塑、建筑构件等不属于本法第二十条第四款规定的应由文物收藏单位收藏的除外；（四）来源不符合本法第五十条规定的文物。

（4）依法应当使用注册商标而未核准注册商标的商品

根据《中华人民共和国商标法》第六条规定，法律、行政法规规定必须使用注册商标的商品，必须申请商标注册，未经核准注册的，不得在市场销售。

（5）枪支、爆炸物、麻醉品、剧毒品、毒品、放射性物品、淫秽物品等严重危害人身安全和身心健康的物品

根据《中华人民共和国枪支管理法》第三条第一款的规定，国家严格管制枪支。禁止任何单位或者个人违反法律规定持有、制造（包括变造、装配）、买卖、运输、出租、出借枪支。根据《中华人民共和国刑法》第三百四十七条的规定，走私、贩卖、运输、制造毒品，无论数量多少，都应当追究刑事责任，予以刑事处罚。第三百六十三条规定，以牟利为目的，制作、复制、出版、贩卖、传播淫秽物品的，处三年以下有期徒刑、拘役或者管制，并处罚金；情节严重的，处三年以上十年以下有期徒刑，并处罚金；情节特别严重的，处十年以上有期徒刑或者无期徒刑，并处罚金或者没收财产。

14 村委会就村集体土地之下的矿藏与他人签订的买卖协议是否有效？

根据《民法典》第二百四十六条的规定，法律规定属于国家所有的财产，属于国家所有即全民所有。国有财产由国务院代表国家行使所有权。法律另有规定的，依照其规定。同时，第二百四十七条还规定，矿藏、水流、海域属于国家所有。也就是说，虽然矿藏在村集体所有土地之下，但属于国家所有，村集体并不是所有权人，因此其与他人签订的买卖协议无效。

15 交易后发现未签字或盖章，买卖合同效力如何？

根据《民法典》第四百九十条的规定，当事人采用合同书形式订立合同的，自当事人均签名、盖章或者按指印时合同成立。在签名、盖章或者按指印之前，当事人一方已经履行主要义务，对方接受时，该合同成立。法律、行政法规规定或者当事人约定合同应当采用书面形式订立，当事人未采用书面形式但是一方已经履行主要义务，对方接受时，该合同成立。因此，交易后才发现买卖合同没有签字或盖章，此时一方当事人按照合同履行了义务，相对方也接受了该义务，也就是说，双方有达成合意的真实意思表示，以实际行为的方式承认合同成立，合同有效。

16 超越经营范围订立的买卖合同效力如何？

根据《民法典》第五百零五条的规定，当事人超越经营范围订立的合同的效力，应当依照本法第一编第六章第三节和本编的有关规定确定，不得仅以超越经营范围确认合同无效。而《民法典》第一编第六章第三节的第一百四十三条明确规定，具备下列条件的民事法律行为有效：(一) 行为人具有相应的民事行为能力；(二) 意思表示真实；(三) 不违反法律、行政法规的强制性规定，不违背公序良俗。

17 法定代表人超越代表权限签订的买卖合同是否有效?

根据《民法典》第五百零四条的规定，法人的法定代表人或者非法人组织的负责人超越权限订立的合同，除相对人知道或者应当知道其超越权限外，该代表行为有效，订立的合同对法人或者非法人组织发生效力。也就是说，法定代表人超越代表权限签订的买卖合同是有效的。但需要提醒的是，该合同的有效是对善意的合同相对人而言的，如果合同相对人知道或者应当知道法定代表人超越权限仍签订合同，则不适用该法律规定。

18 10 岁孩子用压岁钱买手机，买卖合同是否有效?

根据《民法典》第一百四十五条的规定，限制民事行为能力人实施的纯获利益的民事法律行为或者与其年龄、智力、精神健康状况相适应的民事法律行为有效；实施的其他民事法律行为经法定代理人同意或者追认后有效。相对人可以催告法定代理人自收到通知之日起三十日内予以追认。法定代理人未作表示的，视为拒绝追认。民事法律行为被追认前，善意相对人有撤销的权利。撤销应当以通知的方式作出。同时，根据《民法典》第十七条规定，十八周岁以上的自然人为成年人。不满十八周岁的自然人为未成年人。第十八条规定，成年人为完全民事行为能力人，可以独立实施民事法律行为。十六周岁以上的未成年人，以自己的劳动收入为主要生活来源的，视为完全民事行为能力人。第十九条规定，八周岁以上的未成年人为限制民事行为能力人，实施民事法律行为由其法定代理人代理或者经其法定代理人同意、追认；但是，可以独立实施纯获利益的民事法律行为或者与其年龄、智力相适应的民事法律行为。由此可见，10岁的孩子属于限制民事行为能力人，可以从事与其年龄、智力相适应的民事活动，而其他与其年龄、智力不相适应的民事活动需要由其法定代理人代理或征得法定代理人同意。购买手机的行为对于10岁的孩子来说，超出了其年龄和智力允许的范围，应当征得家长同意；家长不同意的，该购买合同无效。

19 夫妻出售的共同房产却因丈夫债务导致房产被查封无法过户，买卖合同效力如何？

根据《民法典》第五百九十七条的规定，因出卖人未取得处分权致使标的物所有权不能转移的，买受人可以解除合同并请求出卖人承担违约责任。法律、行政法规禁止或者限制转让的标的物，依照其规定。

20 代理人以被代理人的名义与自己签订的买卖合同，是否必然无效？

根据《民法典》第一百六十八条 的规定，代理人不得以被代理人的名义与自己实施民事法律行为，但是被代理人同意或者追认的除外。代理人不得以被代理人的名义与自己同时代理的其他人实施民事法律行为，但是被代理的双方同意或者追认的除外。

21 代理权终止后仍以被代理人的名义签订买卖合同，效力如何？

根据《民法典》第一百七十一条的规定，行为人没有代理权、超越代理权或者代理权终止后，仍然实施代理行为，未经被代理人追认的，对被代理人不发生效力。相对人可以催告被代理人自收到通知之日起三十日内予以追认。被代理人未作表示的，视为拒绝追认。行为人实施的行为被追认前，善意相对人有撤销的权利。撤销应当以通知的方式作出。行为人实施的行为未被追认的，善意相对人有权请求行为人履行债务或者就其受到的损害请求行为人赔偿。但是，赔偿的范围不得超过被代理人追认时相对人所能获得的利益。相对人知道或者应当知道行为人无权代理的，相对人和行为人按照各自的过错承担责任。

22 卖方接收货款后提出买卖合同是无权代理人签订的，应当无效。此时该合同效力如何？

根据《民法典》第五百零三条的规定，无权代理人以被代理人的名义订立合同，被代理人已经开始履行合同义务或者接受相对人履行的，视为对合同的追认。

23 出售时未获得预售许可资质的商品房，其买卖合同效力如何？

根据《最高人民法院关于审理商品房买卖合同纠纷案件适用法律若干问题的解释》（2020 修正）第二条的规定，出卖人未取得商品房预售许可证明，与买受人订立的商品房预售合同，应当认定无效，但是在起诉前取得商品房预售许可证明的，可以认定有效。

24 以非法事实作为交易条件的买卖合同效力如何？

根据《民法典》第一百五十八条的规定，民事法律行为可以附条件，但是根据其性质不得附条件的除外。附生效条件的民事法律行为，自条件成就时生效。附解除条件的民事法律行为，自条件成就时失效。第一百五十九条的规定，附条件的民事法律行为，当事人为自己的利益不正当地阻止条件成就的，视为条件已经成就；不正当地促成条件成就的，视为条件不成就。也就是说，买卖合同可以附条件生效。根据《民法典》第一百五十三条的规定，违反法律、行政法规的强制性规定的民事法律行为无效。但是，该强制性规定不导致该民事法律行为无效的除外。违背公序良俗的民事法律行为无效。第一百五十四条还规定，行为人与相对人恶意串通，损害他人合法权益的民事法律行为无效。可见，如果买卖合同所附条件属于上述合同无效的情形，例如以非法事实作为条件违背公序良俗等，则买卖合同无效。

【案例 1–6】村集体组织对外销售商品房，合同是否有效？

2011 年 8 月 27 日，邱某、L 村村委会签订房屋买卖协议，约定 L 村村委会将位于某滨海度假区的房屋卖给邱某，邱某预付购房款 6.5 万元。售房时，L 村村委会承诺所售房屋土地为国有土地，能办理房产证（大产权）。双方约定价款 16.5 万元，协议签订之日邱某交纳预付款，余款于 2012 年 12 月 30 日前付清，L 村村委会于 2012 年 12 月 30 日前交付房屋。

协议签订后，邱某交纳了预付款，但未领取房屋钥匙，L 村村委会也没有交付房屋。邱某催促 L 村村委会办理房屋所有权证，但因 L 村村委会的农村住房建设和旧村改造项目未获土地、规划、环保各部门批准，农用地上建设的房屋无法取得商品房销售许可证。后邱某诉至法院，要求确认购房协议无效，L 村村委会返还购房款并赔偿损失。

➲ 律师指引　根据《最高人民法院关于审理商品房买卖合同纠纷案件适用法律若干问题的解释》（2020 修正）第一条的规定，本解释所称的商品房买卖合同，是指房地产开发企业（以下统称为出卖人）将尚未建成或者已竣工的房屋向社会销售并转移房屋所有权于买受人，买受人支付价款的合同。

在上述案例中，L 村村委会是基层群众自治组织，不具备商品房开发、销售资格，因此不能适用《最高人民法院关于审理商品房买卖合同纠纷案件适用法律若干问题的解释》。L 村村委会将农用土地上盖建的房屋销售给非本集体组织成员，且该土地未能取得国有土地使用权，房屋亦未取得所有权证，该合同无效。合同无效后，依合同取得的财产应当予以返还。有过错的一方应当赔偿对方由此受到的损失，双方均有过错的，应当各自承担相应责任。L村村委会对外宣传时承诺该房屋土地拥有国有土地使用权，但时隔多年房屋仍未取得房屋所有权，应对合同无效承担主要过错责任。

【案例1-7】未经双方签字的买卖合同附件是否有效？

2006年3月10日，X机械设备有限公司（以下简称“X公司”）与黄某订立合同，由X公司为黄某提供浆纱机一台，售价78万元，合同约定：质量标准为行业标准、技术协议（附件）。X公司在合同签订前向黄某提供了浆纱机技术协议，该技术协议由X公司制作，黄某未签字。

浆纱机交付黄某使用后，黄某共计支付货款50万元。2007年2月12日，X公司诉至法院，要求黄某给付剩余货款28万元。黄某称，X公司直到2006年6月底才交货，设备经多次调试仍达不到技术协议的要求，直到2006年8月20日才勉强可以使用；由于X公司的设备达不到技术协议要求，致使不能实现合同目的，要求解除合同，返还已付货款50万元并赔偿利息损失。但X公司称，黄某提供的技术协议没有双方盖章确认，不能作为依据，设备的技术要求与配置是双方在实际安装调试过程中口头协商一致的；合同约定“调试合格交付使用”，黄某一直在正常使用该设备，证明设备已调试合格。

律师指引 根据《民法典》第六百一十五条的规定，出卖人应当按照约定的质量要求交付标的物。出卖人提供有关标的物质量说明的，交付的标的物应当符合该说明的质量要求。

上述案例中，X公司在合同签订前向黄某提供由其制作的浆纱机技术协议，黄某虽未签字确认，但该技术协议是合同约定的技术协议，且该技术协议中浆纱机的型号与合同约定的型号一致，在X公司未另行提供合同约定技术协议的情况下，X公司在合同签订之前提供的该技术协议应当被视为合同的组成部分，交付的浆纱机应当符合该技术协议约定的质量标准。

【案例1–8】未办理登记备案的商品房预售合同是否具有法律效力?

王某与J房地产开发有限公司（以下简称“J公司”）签订《商品房买卖合同》，约定王某以686157元购买J公司开发的预售商品房一套。《商品房买卖合同》签订后，王某于同日向J公司交付合同约定的购房款，但J公司迟迟未办理《商品房买卖合同》登记备案手续。

后双方发生纠纷。王某向法院起诉，主张《商品房买卖合同》有效，要求J公司尽快办理房屋网签备案事宜。但J公司提出，由于《商品房买卖合同》尚未办理登记备案手续，因此该合同无效。

➲ 律师指引 根据《最高人民法院关于审理商品房买卖合同纠纷案件适用法律若干问题的解释》（2020修正）第六条的规定，当事人以商品房预售合同未按照法律、行政法规规定办理登记备案手续为由，请求确认合同无效的，不予支持。当事人约定以办理登记备案手续为商品房预售合同生效条件的，从其约定，但当事人一方已经履行主要义务，对方接受的除外。同时，《城市商品房预售管理办法》第十条也规定，商品房预售，开发企业应当与承购人签订商品房预售合同。开发企业应当自签约之日起30日内，向房地产管理部门和市、县人民政府土地管理部门办理商品房预售合同登记备案手续。房地产管理部门应当积极应用网络信息技术，逐步推行商品房预售合同网上登记备案。商品房预售合同登记备案手续可以委托代理人办理。委托代理人办理的，应当有书面委托书。

在上述案例中，由于王某购买的是J公司的预售商品房，故其与J公司签订的《商品房买卖合同》属于商品房预售合同。根据上述相关法律法规规定，商品房预售人应当依法履行向有关部门办理商品房预售合同登记备案手续的义务，但该义务属于房地产管理部门的行政管理行为，登记备案与否并不影响合同效力，也不影响商品房预售人与买受人之间的权利义务关系。因此，王某与J公司签订的《商品房买卖合同》系双方的真实意思表示，为有效合同。

【案例1-9】如何确定认购书或认购协议的法律性质？

2013年7月18日，王某（乙方）与Q房地产开发公司（以下简称“Q公司”，甲方）签订《购房认购书》，约定王某认购Q公司开发建设的房屋一套，房屋预测建筑面积为92.98平方米，房屋优惠总价为1108410元，付款方式为一次性付款，定金为10万元；乙方须在接到甲方要求签订商品房预售合同的通知后3天内，到甲方指定地点签订预售合同，交清全额款项。

《购房认购书》签订后，王某于2013年7月18日向Q公司支付定金10万元，于同月29日向Q公司支付房款24万元。后发生纠纷，双方均要求终止交易，但就《购房认购书》是否属于商品房买卖合同各执己见。

➲ 律师指引　根据《最高人民法院关于审理商品房买卖合同纠

纷案件适用法律若干问题的解释》第五条规定，商品房的认购、订购、预订等协议具备《商品房销售管理办法》第十六条规定的商品房买卖合同的主要内容，并且出卖人已经按照约定收受购房款的，该协议应当认定为商品房买卖合同。根据《商品房销售管理办法》第十六条规定，商品房销售时，房地产开发企业和买受人应当订立书面商品房买卖合同。商品房买卖合同应当明确以下主要内容：（一）当事人名称或者姓名和住所；（二）商品房基本状况；（三）商品房的销售方式；（四）商品房价款的确定方式及总价款、付款方式、付款时间；（五）交付使用条件及日期；（六）装饰、设备标准承诺；（七）供水、供电、供热、燃气、通讯、道路、绿化等配套基础设施和公共设施的交付承诺和有关权益、责任；（八）公共配套建筑的产权归属；（九）面积差异的处理方式；（十）办理产权登记有关事宜；（十一）解决争议的方法；（十二）违约责任；（十三）双方约定的其他事项。

结合上述法律规定，案例中双方签订的认购书仅约定了双方当事人、房屋的位置、预测面积及价款，并未对其他事项进行约定，因此属于预约合同而非商品房买卖合同。

【案例 1-10】如何认定商品房包销合同的性质？

2011 年 10 月 12 日，F 房地产开发公司（以下简称“F 公司”）作出股东会决议，委托曾某负责销售 7 号楼所有住宅及店面。同日，F 公司（甲方）与曾某（乙方）签订《授权书》，双方约定：7 号楼商品房以每平方 3700 元，店面以每平方 20000 元的价格销售，总销售时限为竣工验收后三个月，超时本协议作废；乙方需协助 7 号楼工程的顺利完成，并协助办理该工程的竣工验收及销售所应具备的相关手续。

同时，F公司作为委托人，向曾某出具了一份《委托书》，委托曾某全权负责7号楼施工建设及工程的管理协调有关事宜。

后双方因移交销售材料发生争议，协商未果。曾某遂诉至法院，请求确认其与F公司2011年10月12日签订的包销协议合法有效，但F公司认为，《授权书》为商品房委托代理销售合同，而非商品房包销合同。双方争执不下的原因之一是曾某认为"超时本协议作废"即指未销售的商品房返还F公司，而F公司则认为双方对未销售的商品房如何处理未作约定。

➡ 律师指引　根据《最高人民法院关于审理商品房买卖合同纠纷案件适用法律若干问题的解释》（2020修正）第十六条的规定，出卖人与包销人订立商品房包销合同，约定出卖人将其开发建设的房屋交由包销人以出卖人的名义销售的，包销期满未销售的房屋，由包销人按照合同约定的包销价格购买，但当事人另有约定的除外。也就是说，商品房包销合同应兼具代理行为和买卖行为的特征。

上述案例中，F公司与曾某所签订的《授权书》约定，曾某负责销售F公司开发的商品房，销售时限为竣工验收后三个月，超时则协议作废。曾某认为，超时协议作废即指未销售的商品房返还F公司；F公司则认为，双方对未销售的商品房如何处理未作约定。由此可见，案例中当事双方对于销售期满后，未销售的商品房如何处理产生争议，即《授权书》对此约定不明。

在上述情形下，如果根据曾某的主张推定销售期满，未销售的商品房返还给F公司，则不符合F公司签订包销合同规避销售风险的动机，可能有损F公司的利益。如果参照上述司法解释的规定，以双方对未销售的商品房如何处理未作约定为前提，认定销售期满应由曾某购买，则与曾某的实际主张相反。为此，法院最终认定，F 公司与曾某签订的《授权书》不具有商品房包销合同中买卖行为的特征，不属于商品房包销合同。

三、合同条款的特殊情形

25 合同条款对质量、价款等约定不明，应如何处理？

根据《民法典》第五百一十条规定，合同生效后，当事人就质量、价款或者报酬、履行地点等内容没有约定或者约定不明确的，可以协议补充；不能达成补充协议的，按照合同有关条款或者交易习惯确定。

当事人就有关合同内容约定不明确，根据《民法典》第五百一十条规定仍不能确定的，适用《民法典》第五百一十一条规定：（一）质量要求不明确的，按照强制性国家标准履行；没有强制性国家标准的，按照推荐性国家标准履行；没有推荐性国家标准的，按照行业标准履行；没有国家标准、行业标准的，按照通常标准或者符合合同目的的特定标准履行。（二）价款或者报酬不明确的，按照订立合同时履行地的市场价格履行；依法应当执行政府定价或者政府指导价的，依照规定履行。（三）履行地点不明确，给付货币的，在接受货币一方所在地履行；交付不动产的，在不动产所在地履行；其他标的，在履行义务一方所在地履行。（四）履行期限不明确的，债务人可以随时履行，债权人也可以随时请求履行，但是应当给对方必要的准备时间。（五）履行方式不明确的，按照有利于实现合同目的的方式履行。（六）履行费用的负担不明确的，由履行义务一方负担；因债权人原因增加的履行费用，由债权人负担。

需要特别提醒的是,《民法典》第五百一十一条只有在适用《民法典》第五百一十条规定仍无法明确的情况下,才能予以适用。

26 对试用期没有约定的,买卖合同如何生效?

根据《民法典》第六百三十八条的规定,试用买卖的买受人在试用期内可以购买标的物,也可以拒绝购买。试用期限届满,买受人对是否购买标的物未作表示的,视为购买。试用买卖的买受人在试用期内已经支付部分价款或者对标的物实施出卖、出租、设立担保物权等行为的,视为同意购买。也就是说,试用期满,买受人未做任何表示即视为同意购买,买卖合同生效。

但就试用期没有约定的情况,根据《民法典》第六百三十七条的规定,试用买卖的当事人可以约定标的物的试用期限。对试用期限没有约定或者约定不明确,依据本法第五百一十条的规定仍不能确定的,由出卖人确定。可见,当合同条款对试用期没有约定或者约定不明确的情况出现时,买卖合同是否生效,应当先按照《民法典》第五百一十条规定,由当事人协议补充;若不能达成补充协议的,按照交易习惯确定;既不能协议补充又无法按照交易习惯确定时,由出卖人确定。

27 所有权保留条款是否适用于不动产买卖?

根据《民法典》第六百四十一条的规定,当事人可以在买卖合同中约定买受人未履行支付价款或者其他义务的,标的物的所有权属于出卖人。出卖人对标的物保留的所有权,未经登记,不得对抗善意第三人。但同时,《最高人民法院关于审理买卖合同纠纷案件适用法律问题的解释》(2020 修正)第二十五条的规定，买卖合同当事人主张根据《民法典》第六百四十一条关于标的物所有权保留的规定适用于不动产的，人民法院不予支持。可见，所有权保留不适用于不动产交易。

28 约定所有权保留的，出卖方在哪些情形下可行使取回权?

根据《民法典》第六百四十一条的规定，当事人可以在买卖合同中约定买受人未履行支付价款或者其他义务的，标的物的所有权属于出卖人。出卖人对标的物保留的所有权，未经登记，不得对抗善意第三人。同时，根据《民法典》第六百四十二条的规定，当事人约定出卖人保留合同标的物的所有权，在标的物所有权转移前，买受人有下列情形之一，造成出卖人损害的，除当事人另有约定外，出卖人有权取回标的物:(一)未按照约定支付价款，经催告后在合理期限内仍未支付;(二)未按照约定完成特定条件;(三)将标的物出卖、出质或者作出其他不当处分。出卖人可以与买受人协商取回标的物;协商不成的，可以参照适用担保物权的实现程序。

29 约定所有权保留的，出卖方的取回权是否受条件限制?

根据《民法典》第六百四十一条的规定，当事人可以在买卖合同中约定买受人未履行支付价款或者其他义务的，标的物的所有权属于出卖人。出卖人对标的物保留的所有权，未经登记，不得对抗善意第三人。在上述第六百四十一条约定的所有权保留情形下，如果买受人未按约定履行义务，所涉买卖标的物的所有权仍属于出卖人，出卖人享有取回权。

但需要提醒的是，《最高人民法院关于审理买卖合同纠纷案件适用法律问题的解释》（2020修正）第二十六条规定，买受人已经支付标的物总价款的百分之七十五以上，出卖人主张取回标的物的，人民法院不予支持。在民法典第六百四十二条第一款第三项情形下，第三人依据民法典第三百一十一条的规定已经善意取得标的物所有权或者其他物权，出卖人主张取回标的物的，人民法院不予支持。也就是说，买受人已经支付标的物总价款的百分之七十五以上，或者第三人已根据物权法善意取得的，出卖方无法再行使取回权。

30 所有权保留买卖中出卖人取回标的物的转售价款是否应当全额返还给原买受人？

根据《民法典》第六百四十三条的规定，出卖人依据前条第一款的规定（即当事人约定出卖人保留合同标的物的所有权，在标的物所有权转移前，买受人有下列情形之一，造成出卖人损害的，除当事人另有约定外，出卖人有权取回标的物）取回标的物后，买受人在双方约定或者出卖人指定的合理回赎期限内，消除出卖人取回标的物的事由的，可以请求回赎标的物。买受人在回赎期限内没有回赎标的物，出卖人可以以合理价格将标的物出卖给第三人，出卖所得价款扣除买受人未支付的价款以及必要费用后仍有剩余的，应当返还买受人；不足部分由买受人清偿。

31 买受人保留部分价款作为质量保证金的，出卖人在何种情形下可要求支付？

根据《最高人民法院关于审理买卖合同纠纷案件适用法律问题的解释》(2020 修正) 第十五条规定，买受人依约保留部分价款作为质量保证金，出卖人在质量保证期未及时解决质量问题而影响标的物的价值或者使用效果，出卖人主张支付该部分价款的，人民法院不予支持。也就是说，出卖人要主张买受人支付该部分价款，必须在质量保证期间及时解决质量问题，且保证不存在影响标的物价值或者使用效果的质量问题。

32 买卖合同中格式条款的有效适用有哪些具体要求？

根据《民法典》第四百九十六条的规定，格式条款是当事人为了重复使用而预先拟定，并在订立合同时未与对方协商的条款。采用格式条款订立合同的，提供格式条款的一方应当遵循公平原则确定当事人之间的权利和义务，并采取合理的方式提示对方注意免除或者减轻其责任等与对方有重大利害关系的条款，按照对方的要求，对该条款予以说明。提供格式条款的一方未履行提示或者说明义务，致使对方没有注意或者理解与其有重大利害关系的条款的，对方可以主张该条款不成为合同的内容。第四百九十七条规定，有下列情形之一的，该格式条款无效：(一) 具有本法第一编第六章第三节和本法第五百零六条规定的无效情形；(二) 提供格式条款一方不合理地免除或者减轻其责任、加重对方责任、限制对方主要权利；(三) 提供格式条款一方排除对方主要权利。第四百九十八条还规定，对格式条款的理解发生争议的，应当按照通常理解予以解释。对格式条款有两种以上解释的，应当作出不利于提供格式条款一方的解释。格式条款和非格式条款不一致的，应当采用非格式条款。

33 约定货物售出“概不负责”，能否免除买卖合同瑕疵担保责任?

根据《民法典》第六百一十条的规定，因标的物质量不符合质量要求，致使不能实现合同目的的，买受人可以拒绝接受标的物或者解除合同。买受人拒绝接受标的物或者解除合同的，标的物毁损、灭失的风险由出卖人承担。同时，《民法典》第六百一十二条规定，出卖人就交付的标的物，负有保证第三人对该标的物不享有任何权利的义务，但是法律另有规定的除外。另第六百一十八条还规定，当事人约定减轻或者免除出卖人对标的物瑕疵承担的责任，因出卖人故意或者重大过失不告知买受人标的物瑕疵的，出卖人无权主张减轻或者免除责任。

也就是说，出卖人对标的物具有瑕疵担保责任，如存在故意或者因重大过失不告知买受人标的物的瑕疵的情形，即便约定货物售出“概不负责”，也不能免除其应当承担的瑕疵担保责任。

34 电商网站以《服务协议》《支付服务协议》等约定争议管辖法院的做法是否合理?

根据《中华人民共和国民事诉讼法》第三十四条的规定，合同或者其他财产权益纠纷的当事人可以书面协议选择被告住所地、合同履行地、合同签订地、原告住所地、标的物所在地等与争议有实际联系的地点的人民法院管辖，但不得违反本法对级别管辖和专属管辖的规定。因此，在不违反级别管辖和专属管辖的前提下，电商网站通过《服务协议》和《支付服务协议》与服务客户约定产生争议时的管辖法院是具体、唯一的，该协议管辖约定有效。

35 部分条款无效时，买卖合同是否全部无效？

根据《民法典》第一百五十五条的规定，无效的或者被撤销的民事法律行为自始没有法律约束力。同时，第一百五十六条还规定，民事法律行为部分无效，不影响其他部分效力的，其他部分仍然有效。也就是说，无效的合同或者被撤销的合同自始没有法律约束力。合同部分无效，不影响其他部分效力的，其他部分仍然有效。

36 买卖合同无效或者被撤销，争议解决条款是否仍有效？

根据《民法典》第一百五十六条的规定，民事法律行为部分无效，不影响其他部分效力的，其他部分仍然有效。也就是说，合同无效、被撤销或者终止的，不影响合同中独立存在的有关解决争议方法的条款的效力。

【案例 1–11】约定所有权保留的，卖方取回标的物后买方可否回赎？

2014 年 9 月 27 日，齐某（卖方）与张某（买方）签订买卖装载机的合同，双方约定：齐某（甲方）将装载机一台出售给张某（乙方），价格为14万元，乙方以月供的方式支付，自2014年9月20日至2014年12月31日付清价款；如乙方不能按约定时间付清价款，甲方有权收回装载机及扣押乙方车辆弥补损失，同时赋予乙方回赎权，乙方在一个月内付清拖欠款项的，可以将装载机回赎。

合同签订后，齐某将装载机交付给张某。2014年11月，经双方结算，张某欠付总计7万元。后因还款期限届满，齐某取回了装载机。在齐某取回装载机后的一个月内，张某将拖欠款项还清。为此，张某要求齐某返还装载机，但遭到齐某拒绝，双方发生纠纷。

律师指引 根据《民法典》第六百四十三条的规定，出卖人依据前条第一款的规定（即当事人约定出卖人保留合同标的物的所有权，在标的物所有权转移前，买受人有下列情形之一，造成出卖人损害的，除当事人另有约定外，出卖人有权取回标的物）取回标的物后，买受人在双方约定或者出卖人指定的合理回赎期限内，消除出卖人取回标的物的事由的，可以请求回赎标的物。买受人在回赎期限内没有回赎标的物，出卖人可以以合理价格将标的物出卖给第三人，出卖所得价款扣除买受人未支付的价款以及必要费用后仍有剩余的，应当返还买受人；不足部分由买受人清偿。

在上述案例中，因张某未按时支付货款，齐某将标的物取回，但齐某取回标的物不代表买卖合同的解除或终止。齐某与张某在签订的装载机买卖合同中已经明确约定，张某具有回赎权。张某按照合同约定将拖欠款项清偿，为此具有回赎装载机的权利。

【案例1-12】约定所有权保留的不动产交易，其实质是买卖合同还是担保合同？

2013年10月30日，杨某（卖方）与陈某（买方）签订《买房协议》，双方约定：杨某向陈某借款52万元，借款期限从2013年10月30日至2016年10月30日，无利息；该款项用于偿还杨某欠付某农村信用社的贷款及利息；陈某买下杨某所有的房屋，作价52万元，三年内房屋产权包括《建设工程规划许可证》和《协议书》（暂时）归陈某所有，此期间杨某无权处理和出售此房；三年内杨某还清欠付陈某的52万元借款，房屋产权包括《建设工程规划许可证》和《协议书》无条件归杨某所有；如杨某不能还清欠款，房屋无条件归陈某所有。

随后，《建设工程规划许可证》、《协议书》原件由陈某保管，但陈某与杨某并未办理过户登记手续。由于杨某一直未还清欠付陈某的52万元借款，陈某提出该房屋所有权归自己所有。就房屋所有权的归属问题，双方发生纠纷。

➡ 律师指引 根据《最高人民法院关于审理买卖合同纠纷案件适用法律问题的解释》（2020修正）第二十五条的规定，买卖合同当事人主张《民法典》第六百四十一条关于标的物所有权保留的规定适用于不动产的，人民法院不予支持。可见，所有权保留不适用于不动产买卖。动产物权的设立、转让自交付时发生效力，房屋作为不动产，其转让经依法登记发生效力。同时，根据《民法典》第四百零一条的规定，抵押权人在债务履行期限届满前，与抵押人约定债务人不履行到期债务时抵押财产归债权人所有的，只能依法就抵押财产优先受偿。

上述案例中，双方针对房屋订立的协议名为买卖，实为借款提供担保。双方约定的“如杨某不能还清欠款，房屋无条件归陈某所有”的内容根据《民法典》第四百零一条的规定，抵押权人在债务履行期限届满前，与抵押人约定债务人不履行到期债务时抵押财产归债权人所有的，只能依法就抵押财产优先受偿。

【案例 1-13】约定“多退少补”后，还能否以面积误差比绝对值超 3% 为由解除购房合同？

2014 年 10 月 30 日，陈某、代某与 B 房地产开发公司（以下简称“B 公司”）签订了《商品房买卖合同（预售）》，约定由 B 公司将其开发修建的住宅房屋一套（建筑面积为 100 平方米）预售给陈某、代某；B 公司应当在 2015 年 11 月 28 日前将商品房交付给陈某、代某；商品房交付后，若产权登记面积与合同约定面积存在差异，双方同意经有资质的房地产测绘机构测绘，核实后多退少补。合同签订后，陈某、代某分别向 B 公司交纳了部分购房款。

2015 年 11 月 28 日，B 公司通知陈某、代某收房，并要求陈某、代某按实际测量面积 106.56 平方米补交购房款 23275 元，双方为此产生争议。陈某、代某拒绝按 B 公司要求交纳上述费用，B 公司则表示如不补交费用则拒绝向陈某、代某交付房屋。同年 12 月 9 日，陈某、代某向 B 公司送达了解除购房合同的通知，B 公司于次日进行了书面答复，不同意解除。陈某、代某遂诉至法院请求解除合同，退还购房款。

律师指引 《民法典》公布后，最高人民法院公布的《最高人民法院关于审理商品房买卖合同纠纷案件适用法律若干问题的解释》（2020 修正），删去了原解释第十四条中关于房屋面积差异的处理条款。

关于面积差异处理问题司法实践观点倾向于由合同双方当事人约定进行处理。

而按照《商品房销售管理办法》(建设部令[第88号])第二十条规定，按套内建筑面积或者建筑面积计价的，当事人应当在合同中载明合同约定面积与产权登记面积发生误差的处理方式。合同未作约定的，按以下原则处理：(一)面积误差比绝对值在3%以内(含3%)的，据实结算房价款；(二)面积误差比绝对值超出3%时，买受人有权退房。买受人退房的，房地产开发企业应当在买受人提出退房之日起30日内将买受人已付房价款退还给买受人，同时支付已付房价款利息。买受人不退房的，产权登记面积大于合同约定面积时，面积误差比在3%以内（含3%）部分的房价款由买受人补足；超出3%部分的房价款由房地产开发企业承担，产权归买受人。产权登记面积小于合同约定面积时，面积误差比绝对值在3%以内（含3%）部分的房价款由房地产开发企业返还买受人；绝对值超出3%部分的房价款由房地产开发企业双倍返还买受人。因本办法第二十四条规定的规划设计变更造成面积差异，当事人不解除合同的，应当签署补充协议。

上述案例中，陈某、代某与B公司签订的商品房买卖合同约定的面积差异处理方式为经有资质的房地产测绘机构测绘，核实后多退少补。该条即是对房屋面积出现误差的处理方式的约定，是合同双方当事人的真实意思表示，不违背法律的强制性规定，应为有效且约定明确。合同约定的房屋建筑面积为100平方米，B公司准备交付的房屋面积为106.56平方米，比约定面积多出6.56平方米，按照约定的“多退少补”的处理办法，陈某、代某应当补足多出面积的价款。由于买卖双方对面积出现误差时的处理方式有明确约定，对于房屋面积误差的处理应按照约定执行，因此合同不应解除，陈某、代某无权要求B

公司返还已付购房款。

【案例1-14】在未约定付款时间的情况下，如何判定买卖合同履行情况？

2012年7月14日，陈某在L商行购买了啤酒70件，应付货款2399.8元。陈某在L商行同日出库单上签名，并写明“未付”。后陈某退回空酒瓶77箱（每箱3元），还另付现金30元，尚欠货款2138.8元。2012年9月3日，陈某在L商行购买啤酒30件，应付货款1440元。同日，陈某在此出库单上签名，并写下“未付”二字。后陈某退回啤酒空瓶，扣减退回空瓶款后实际尚欠货款1204元。2012年9月14日，陈某在L商行购买啤酒50件，应付货款2400元。后陈某付1000元现金，尚欠货款1400元，陈某在同日出库单上注明“欠1400元，陈某”。以上三笔，陈某共计欠货款4742.8元。

直至2017年，陈某仍然赊账未还，L商行为此诉至法院。但陈某表示，由于双方没有约定具体付款时间，L商行的催款不合理，自己也不存在违约行为。

➲ 律师指引　根据《民法典》第五百一十条的规定，合同生效后，当事人就质量、价款或者报酬、履行地点等内容没有约定或者约定不明确的，可以协议补充；不能达成补充协议的，按照合同有关条款或者交易习惯确定。同时，第六百二十六条还规定，买受人应当按照约定的数额和支付方式支付价款。对价款的数额和支付方式没有约定或者约定不明确的，适用本法第五百一十条、第五百一十一条第二项和第五项的规定。

在上述案例中，L 商行将啤酒出卖给陈某，陈某向 L 商行支付货款，双方虽未签订专门的书面合同，但陈某在出库单上签字并支付部分货款的行为，视为双方已形成实际买卖合同法律关系，双方的这一行为也符合日常经济生活中买卖合同法律关系的交易习惯。由于双方对何时支付货款没有约定，也未达成补充协议，应按日常经济生活买卖交易习惯来确定。L 商行是啤酒经销商，允许客户在出库单上签字的行为，表明同意客户不用即时结清货款，可迟延一段时间支付。至于迟延时间，以一般普通人可理解的合理时间为限。陈某所欠货款时间是 2012 年 7 月至 9 月，至 2017 年起诉时仍未支付，已远远超过普通经销商可以接受的付款时间，不符合一般的交易习惯，故应认定陈某的行为已构成违约。

【案例 1-15】未明确约定付款期限，合同的诉讼时效如何计算？

1996 年 10 月 8 日至 1997 年 8 月 24 日期间，陈某多次到李某的商店购买建筑材料，并先后出具 49 份“提货收据”给李某，收据载明了购货的名称、数量、单价及价款，有经手人陈某的签名，但未明确约定付款期限。上述收据确认的货款共 12459.69 元。李某一直没有向陈某催收上述拖欠的货款。

后李某觉得货款不能再赊了，遂于 2016 年 6 月 22 日向法院提起诉讼。但陈某提出，欠款时隔已久，李某一直没有催收，该笔欠款已经过了诉讼时效。

➲ 律师指引 《最高人民法院关于审理民事案件适用诉讼时效制度若干问题的规定》（2020 修订）第四条规定，未约定履行期限的合同，依照民法典第五百一十条、第五百一十一条的规定，可以确定履行期限的，诉讼时效期间从履行期限届满之日起计算；不能确定履行期限的，诉讼时效期间从债权人要求债务人履行义务的宽限期届满之日起计算，但债务人在债权人第一次向其主张权利之时明确表示不履行义务的，诉讼时效期间从债务人明确表示不履行义务之日起计算。

上述案例中，陈某提货签名的收据证明了双方之间的买卖合同关系成立，陈某提取李某的货物，应当支付货款。陈某出具的提货收据未明确约定付款期限，履行期限不明确的，债务人可以随时履行，债权人也可以随时要求履行。由于不能确定履行期限，且不存在陈某明确表示不履行义务的情形，故诉讼时效应当从李某向法院提起诉讼要求陈某履行义务时起算，尚未超过诉讼时效期间。

第二节　买卖合同的履行

一、交付与所有权转移

37 出卖人可否凭发票证明已履行货物交付义务？

根据《最高人民法院关于审理买卖合同纠纷案件适用法律问题的解释》（2020 修订）第五条第一款的规定，出卖人仅以增值税专用发票及税款抵扣资料证明其已履行交付标的物义务，买受人不认可的，出卖人应当提供其他证据证明交付标的物的事实。也就是说，出卖人凭借增值税专用发票主张已经履行货物交付义务时，需要得到买受人的认可，如果买受人不予认可，则出卖人还需要提供其他证明资料。

38 买受人可否凭发票证明已履行付款义务?

根据《最高人民法院关于审理买卖合同纠纷案件适用法律问题的解释》(2020 修订)第五条第二款的规定，合同约定或者当事人之间习惯以普通发票作为付款凭证，买受人以普通发票证明已经履行付款义务的，人民法院应予支持，但有相反证据足以推翻的除外。也就是说，在合同有约定或者当事人之间有交易惯例的情况下，法院可以凭普通发票认定买受人已经履行购买的付款义务。但值得注意的是，当确有证据证明买受人未履行付款义务的事实存在时，该条款不适用。

39 合同未约定支付价款时间的，应当何时给付?

根据《民法典》第六百二十八条的规定，买受人应当按照约定的时间支付价款。对支付时间没有约定或者约定不明确，依照本法第五百一十条的规定仍不能确定的，买受人应当在收到标的物或者提取标的物单证的同时支付。

40 卖方控制承运人的货物运输，如何认定交付完成?

根据《民法典》第六百零三条的规定，出卖人应当按照约定的地点交付标的物。当事人没有约定交付地点或者约定不明确，依照本法第五百一十条的规定仍不能确定的，适用下列规定:(一)标的物需要运输的，出卖人应当将标的物交付给第一承运人以运交给买受人;(二)标的物不需要运输，出卖人和买受人订立合同时知道标的物在某一地点的，出卖人应当在该地点交付标的物;不知道标的物在某一地点的，应当在出卖人订立合同时的营业地交付标的物。同时，根据《民法典》第六百零七条的规定，出卖人按照约定将标的物运送至买受人指定地点并交付给承运人后，标的物毁损、灭失的风险由买受人承担。当事人没有约定交付地点或者约定不明确，依据本法第六百零三条第二款第一项的规定标的物需要运输的，出卖人将标的物交付给第一承运人后，标的物毁损、灭失的风险由买受人承担。但《最高人民法院关于审理买卖合同纠纷案件适用法律问题的解释》（2020修正）第八条明确规定，民法典第六百零三条第二款第一项规定的“标的物需要运输的”，是指标的物由出卖人负责办理托运，承运人系独立于买卖合同当事人之外的运输业者的情形。标的物毁损、灭失的风险负担，按照民法典第六百零七条第二款的规定处理。

可见，买卖合同的标的物需要运输的，出卖人将约定的标的物交付给承运人应视为已履行了交付标的物的义务。值得注意的是，如果在运输途中出卖人始终控制着货物，承运人亦认为货物所有权属于出卖人，听从出卖人指示与控制，那么在运输途中不能视为货物已交付买受人，货物所有权实质并未转移，出卖人并未履行完成交付货物的义务。

41 出卖人多交付货物的，买受人是否可以拒绝领受？

根据《民法典》第六百二十九条的规定，出卖人多交标的物的，买受人可以接收或者拒绝接收多交的部分。买受人接收多交部分的，按照约定的价格支付价款；买受人拒绝接收多交部分的，应当及时通知出卖人。

42 买受人能否以不记名、可转让的提货单遭损毁为由主张货物未交付？

根据《民法典》第五百九十八条的规定，出卖人应当履行向买受人交付标的物或者交付提取标的物的单证，并转移标的物所有权的义务。可见，交付标的物并转移标的物所有权是出卖人最基本的义务，而交付是指标的物占有的转移。标的物的交付分为“现实交付”和“拟制交付”两种：现实交付是指出卖人将标的物的占有直接转移于买受人，使标的物处于买受人的实际控制之下；拟制交付是指出卖人将对标的物占有的权利转移于买受人，以替代现实交付。不记名、可转让提货单的交付，属于拟制交付，而动产所有权在交付时即转移。当出卖人按照约定向买受人交付可以提取标的物的不记名、可转让提货单时，货物的所有权就转移给了买受人。由于不记名、可转让提货单系物权凭证，任何持有人均可能提取货物，根据“谁主张谁举证”的原则，如买受人无法出示提货单且无证据证明单证遭损毁、货物尚未提取，则无权要求出卖人交付货物。

43 交易约定不明时，电子信息等无形产品的所有权转移应如何认定？

根据《民法典》第二百零八条的规定，不动产物权的设立、变更、转让和消灭，应当依照法律规定登记。动产物权的设立和转让，应当依照法律规定交付。第五百一十条的规定，合同生效后，当事人就质量、价款或者报酬、履行地点等内容没有约定或者约定不明确的，可以协议补充；不能达成补充协议的，按照合同有关条款或者交易习惯确定。同时，《最高人民法院关于审理买卖合同纠纷案件适用法律问题的解释》(2020修正)第二条还规定，标的物为无需以有形载体交付的电子信息产品，当事人对交付方式约定不明确，且依照民法典第五百一十条的规定仍不能确定的，买受人收到约定的电子信息产品或者权利凭证即为交付。也就是说，作为无形产品的电子信息类商品，如果合同约定不明确且无法依照《民法典》第五百一十条确定，则买受人收到约定的电子信息产品或者权利凭证即视为交付，即所有权转移。

44 销售计算机软件等含有知识产权的产品，知识产权是否同时转移？

根据《民法典》第六百条的规定，出卖具有知识产权的标的物的，除法律另有规定或者当事人另有约定外，该标的物的知识产权不属于买受人。

45 货物买卖过程中所产生的孳息所有权归谁？

根据《民法典》第六百三十条的规定，标的物在交付之前产生的孳息，归出卖人所有；交付之后产生的孳息，归买受人所有。但是，当事人另有约定的除外。

46 普通货物交易时“一物多卖”，所有权归谁？

根据《最高人民法院关于审理买卖合同纠纷案件适用法律问题的解释》（2020 修正）第六条的规定，出卖人就同一普通动产订立多重买卖合同，在买卖合同均有效的情况下，买受人均要求实际履行合同的，应当按照以下情形分别处理：（一）先行受领交付的买受人请求确认所有权已经转移的，人民法院应予支持；（二）均未受领交付，先行支付价款的买受人请求出卖人履行交付标的物等合同义务的，人民法院应予支持；（三）均未受领交付，也未支付价款，依法成立在先合同的买受人请求出卖人履行交付标的物等合同义务的，人民法院应予支持。

也就是说，如果在普通货物交易中出现“一物多卖”情形，分三种情况处理：（1）出卖人已经交付货物的，被交付的买受人基于交付获得货物所有权；（2）买受人均未获得交付的，已支付价款的买受人优先获得要求出卖人给付货物的权利；（3）买受人均未获得交付也均未支付价款时，合同成立在先的买受人优先获得要求出卖人给付货物的权利。

47 在车辆、船舶等特殊动产买卖中，多个买受人主张所有权该如何处理？

车辆、船舶、航空器等特殊动产买卖不同于普通货物交易，需要办理所有权转移登记手续。根据《最高人民法院关于审理买卖合同纠纷案件适用法律问题的解释》（2020 修正）第七条的规定，出卖人就同一船舶、航空器、机动车等特殊动产订立多重买卖合同，在买卖合同均有效的情况下，买受人均要求实际履行合同的，应当按照以下情形分别处理：（一）先行受领交付的买受人请求出卖人履行办理所有权转移登记手续等合同义务的，人民法院应予支持；（二）均未受领交付，先行办理所有权转移登记手续的买受人请求出卖人履行交付标的物等合同义务的，人民法院应予支持；（三）均未受领交付，也未办理所有权转移登记手续，依法成立在先合同的买受人请求出卖人履行交付标的物和办理所有权转移登记手续等合同义务的，人民法院应予支持；（四）出卖人将标的物交付给买受人之一，又为其他买受人办理所有权转移登记，已受领交付的买受人请求将标的物所有权登记在自己名下的，人民法院应予支持。

48 车辆已交付但未过户，所有权是否发生转移？

根据《民法典》第二百零八条的规定，不动产物权的设立、变更、转让和消灭，应当依照法律规定登记。动产物权的设立和转让，应当依照法律规定交付。需要注意的是，《民法典》第二百二十五条还明确规定，船舶、航空器和机动车等物权的设立、变更、转让和消灭，未经登记，不得对抗善意第三人。由此可知，过户登记可以对抗善意第三人，但并不对所有权的转移构成障碍。也就是说，当出卖人按约定交付车辆后，汽车的所有权转移给买受人。

49 房屋已交付但未过户，所有权是否发生转移？

根据《民法典》第五百零二条的规定，依法成立的合同，自成立时生效，但是法律另有规定或者当事人另有约定的除外。依照法律、行政法规的规定，合同应当办理批准等手续的，依照其规定。未办理批准等手续影响合同生效的，不影响合同中履行报批等义务条款以及相关条款的效力。应当办理申请批准等手续的当事人未履行义务的，对方可以请求其承担违反该义务的责任。依照法律、行政法规的规定，合同的变更、转让、解除等情形应当办理批准等手续的，适用前款规定。同时，第二百一十五条还规定，当事人之间订立有关设立、变更、转让和消灭不动产物权的合同，除法律另有规定或者当事人另有约定外，自合同成立时生效；未办理物权登记的，不影响合同效力。

根据《民法典》第二百零八条的规定，不动产物权的设立、变更、转让和消灭，应当依照法律规定登记。动产物权的设立和转让，应当依照法律规定交付。第二百零九条第一款规定，不动产物权的设立、变更、转让和消灭，经依法登记，发生效力；未经登记，不发生效力，但法律另有规定的除外。

我国对不动产转让实行登记制度，已交付房屋但未办理物权登记的，房屋所有权不发生转移。交付并转移标的物所有权是出卖人的主合同义务，为此，买受人有权要求出卖人协助办理房屋过户手续，如若出卖人拒不履行协助过户义务，则应承担相应的违约责任。

50 房屋已交付但未过户，升值收益归谁所有？

房屋升值所产生的收益为房屋所产生的孳息。根据《民法典》第六百三十条的规定，标的物在交付之前产生的孳息，归出卖人所有；交付之后产生的孳息，归买受人所有。但是，当事人另有约定的除外。同时，《最高人民法院关于审理商品房买卖合同纠纷案件适用法律若干问题的解释》（2020 修正）第八条还规定，对房屋的转移占有，视为房屋的交付使用，但当事人另有约定的除外。房屋毁损、灭失的风险，在交付使用前由出卖人承担，交付使用后由买受人承担；买受人接到出卖人的书面交房通知，无正当理由拒绝接收的，房屋毁损、灭失的风险自书面交房通知确定的交付使用之日起由买受人承担，但法律另有规定或者当事人另有约定的除外。

由此可见，房屋交付后未办理过户的，所有权不能随之转移，但基于买卖合同关系，出卖人将房屋交给买受人使用，代表出卖人已经完成了房屋的交付义务。因此，房屋交付之后，增值部分的收益依法应当归买受人。

51 建设用地使用权可否与房屋产权分离，转让给不同的买受人？

根据《民法典》第三百五十六条的规定，建设用地使用权转让、互换、出资或者赠与的，附着于该土地上的建筑物、构筑物及其附属设施一并处分。第三百五十七条的规定，建筑物、构筑物及其附属设施转让、互换、出资或者赠与的，该建筑物、构筑物及其附属设施占用范围内的建设用地使用权一并处分。

52 建设用地使用权转让是否必须订立书面合同？

根据《民法典》第三百五十四条的规定，建设用地使用权转让、互换、出资、赠与或者抵押的，当事人应当采取书面形式订立相应的合同。使用期限由当事人约定，但不得超过建设用地使用权的剩余期限。

53 建设用地使用权转让是否必须登记才能生效？

根据《民法典》第三百五十五条的规定，建设用地使用权转让、互换、出资或者赠与的，应当向登记机构申请变更登记。

【案例 2-1】卖方可否通过出具发票证明买方收到发票项下货物？

Z箱包辅料有限公司（以下简称“Z公司”）与Q礼品有限公司（以下简称“Q公司”）自 2006 年建立业务关系，由 Q 公司向 Z 公司购买拉链。交易中，双方每次对账无误后，由 Z 公司开具发票，再由 Q 公司根据发票金额付款。2015 年 6 月 7 日至 2016 年 4 月 3 日，Z 公司共向 Q 公司开具了价税金额为 89172.7 元的增值税专用发票。

后双方因为交货与否的问题发生纠纷，诉至法院。由于交货方式有的是直接送货，有的是委托快递公司运送，Z 公司提供了 2015 年 6 月 9 日至 2016 年 3 月 17 日的“销售单”“出货单”共 17 张。但 Q 公司提出，除收到日期为 2015 年 7 月 11 日由林某签收的销售单项下的货物（金额 2980 元）之外，其余货物均未收到，发票不能直接证明 Z 公司供货的事实。

➲ 律师指引　根据《最高人民法院关于审理买卖合同纠纷案件适用法律问题的解释》（2020 修正）第五条的规定，出卖人仅以增值税专用发票及税款抵扣资料证明其已履行交付标的物义务，买受人不认可的，出卖人应当提供其他证据证明交付标的物的事实。合同约定或者当事人之间习惯以普通发票作为付款凭证，买受人以普通发票证明已经履行付款义务的，人民法院应予支持，但有相反证据足以推翻的除外。

通常情况下，发票并不必然表明收票人已收到发票项下的所有货物，但上述案例中由于存在结算惯例，属于例外。由于 Q 公司承认双方之间的结算惯例为先对账，核对无误后才由 Z 公司开具发票，故即使 Z 公司提供的送货凭证不全，也可通过开具的发票证明 Q 公司已经确认收到发票项下载明的货物。

【案例 2–2】购买软件管理系统，其实际交付如何认定?

2015 年 11 月 25 日，R 酒店有限公司（以下简称“R 公司”）与 S 信息工程有限公司（以下简称“S 公司”）签订《酒店计算机管理系统购销合同书》，R 公司购买 S 公司的酒店管理系统、服务器操作系统及数据库的使用权，合同约定“S 公司应负责本软件的安装、调试工作，负责培训 R 公司的电脑管理和使用人员，使 R 公司在项目验收后有能力使用、维护和管理”“R 公司付清应付给 S 公司的全部款项后，正式享有软件使用权”。合同签订后 S 公司完成了软件的系统安装、调试、培训和开通工作。

但计算机管理系统自 2017 年 4 月 15 日开始无法使用，点击操作系统显示“数据库无法登陆，请联系系统管理员”。R 公司后来得知，S 公司未提供该酒店管理系统软件的永久授权码，导致无法取得管理系统的使用权，因此要求解除双方签订的购销合同，并要求 S 公司返还已支付的货款 14.5 万元。但 S 公司提交了一份进场通知单以证明履行了交付义务，R 公司在一年维护期内不出验收报告就意味着交付合格。

➲ 律师指引　根据《最高人民法院关于审理买卖合同纠纷案件适用法律问题的解释》(2020 修正)第二条的规定，标的物为无需以有形载体交付的电子信息产品，当事人对交付方式约定不明确，且依照民法典第五百一十条的规定仍不能确定的，买受人收到约定的电子信息产品或者权利凭证即为交付。

上述案例中，根据双方签订合同所约定的“R 公司付清应付给 S 公司的全部款项后，正式享有软件使用权”，R 公司向 S 公司付清了合同约定的全部价款，应正式享有该软件的使用权；S 公司在收到该合同价款后，应将该系统的使用权交付给 R 公司。

具体而言，软件使用权的交付应以 R 公司方收到永久登录码作为凭证，S 公司提交的进场通知单不能证实其履行了交付义务。R 公司在安装系统后一直以临时码登录，也就是说，S 公司在收到合同价款后并未将该系统的使用权完全交付给 R 公司，构成违约。

【案例 2-3】购买未收割的农作物，其交付如何认定？

2012 年 7 月起，叶某将位于 A 市的某土地发包给马某，承包期间至 2012 年 12 月底止。马某承包土地后，于 2012 年 9 月起在该土地上种植了 13 亩秋冬白菜。2013 年初，马某将上述白菜（未收获）以 1.5 万元的价格出卖给姚某，并告知姚某在 2013 年春节前全部收割。春节前白菜成熟，姚某将上述白菜（未收获）以 1.8 万元的价格出卖给多年从事蔬菜收购批发的李某。

2013 年 1 月起，叶某将土地又发包给汪某，承包期间至 2013 年 12 月底止。2013 年 3 月 1 日，汪某因需要在上述承包土地上种植苗木，将未收割的白菜予以处理，但未获收益。为此，李某向法院起诉要求解除和姚某的合同，要求姚某赔偿损失并由第三人汪某负连带赔偿责任。

律师指引 根据《民法典》第六百零三条的规定，出卖人应当按照约定的地点交付标的物。当事人没有约定交付地点或者约定不明确，依据本法第五百一十条的规定的规定仍不能确定的，适用下列规定：（一）标的物需要运输的，出卖人应当将标的物交付给第一承运人以运交给买受人；（二）标的物不需要运输，出卖人和买受人订立合同时知道标的物在某一地点的，出卖人应当在该地点交付标的物；不知道标的物在某一地点的，应当在出卖人订立合同时的营业地交付标的物。

在上述案例中，李某系买受人，姚某系出卖人，当时未收割的白菜为标的物。该地块种植的白菜在李某、姚某交易时已符合收割的条件，因此李某支付姚某1.8万元价款时，双方已将合同所确定的义务履行完毕，李某无权要求解除其与姚某之间的合同并要求姚某返还价款。

同时，《民法典》第六百零八条的规定，出卖人按照约定或者依据本法第六百零三条第二款第二项的规定将标的物置于交付地点，买受人违反约定没有收取的，标的物毁损、灭失的风险自违反约定时起由买受人承担。上述案例中，李某作为买受人，多年从事蔬菜收购、批发，知道且应当知道白菜成熟后不及时收割可能造成的不利后果。虽然第三人汪某实际处理了白菜，但其行为并无不当，加之汪某并未从中获得收益，故李某要求姚某赔偿，汪某负连带赔偿责任缺乏法律和事实依据。

【案例 2-4】卖方交付钥匙的行为可否被认定为交付房屋？

2014 年 8 月 31 日，晏某、罗某与 C 房地产开发公司（以下简称"C 公司"）签订《商品房买卖合同》，合同约定：C 公司将其开发的一户商住楼房屋出售给晏某、罗某；C 公司应于 2015 年 12 月 31 日前向晏某、罗某交付该商品房，若逾期交房，出卖人应向买受人支付违约金；C 公司于 2016 年 6 月 30 日前取得该商品房屋所有权初始登记，并将办理商品房转移登记的有关文书交付给晏某、罗某；晏某、罗某委托 C 公司向房屋登记机关办理商品房转移登记。合同签订之后，晏某、罗某按照合同约定支付了相应的购房款，C 公司于 2017 年 1 月 2 日向晏某、罗某交付房屋钥匙，但未办理房屋转移登记手续。

此后，晏某、罗某以面积误差为由主张房屋不符合交房条件，拒绝交接并诉至法院，要求 C 公司支付逾期交房违约金。但 C 公司认为，自己交付房屋钥匙已经履行了房屋交付义务，不存在逾期交房违约情形。

➜ 律师指引　在日常生活里，房屋的交付使用指的是出卖人将已建成的房屋转移给买受人占有、使用、管理，其外在表现主要是将房屋的钥匙交付给买受人。根据《最高人民法院关于审理商品房买卖合同纠纷案件适用法律若干问题的解释》（2020 修正）第八条第一款的规定，对房屋的转移占有，视为房屋的交付使用，但当事人另有约定的除外。

上述案例中，晏某、罗某在 2017 年 1 月 2 日从 C 公司处领取了商品房钥匙，对房屋实施了占有、管理、使用。一方面，晏某、罗某在认为商品房未符合交付条件的情况下选择接收房屋钥匙，放弃要求 C 公司承担延期交房责任的权利；另一方面，在未达到交房条件的情况下领取钥匙对房屋占有、管理、使用的行为，没有被双方约定为不属于交房行为。综上，C公司向晏某、罗某交付钥匙的行为应当被视为对房屋的交付。

【案例2-5】交付后车辆被查封，买方能否要求继续完成过户手续?

2014年3月20日，唐某作为甲方（卖方），冯某作为乙方（买方），共同签订了《机动车买卖协议》，该协议约定唐某以70万元的价格将小汽车一辆出售给冯某，同时约定唐某在收到全部购车价款的5个工作日内将车辆过户到冯某名下。买卖协议签订后，冯某当日向唐某支付了汽车转让款70万元。同日，双方进行了车辆交接，并签订了《车辆买卖交接清单》。

后唐某未按照协议约定办理车辆过户手续，下落不明。冯某起诉至法院，请求判令确认双方之间的机动车买卖协议合法有效，要求唐某将车辆过户到自己名下。后法院查明，2014年4月30日，R县法院在审理某民间借贷纠纷案中，裁定对唐某所有的汽车予以查封。

律师指引 根据《民法典》第二百二十四条的规定，动产物权的设立和转让，自交付时发生效力，但法律另有规定的除外。这一法律规定确定了动产物权的变动原则，即交付产生物权变动，交付是转让动产物权的要件，非经交付不产生物权变动的效力。同时，《最高人民法院关于审理买卖合同纠纷案件适用法律问题的解释》（2020修正）第七条规定，出卖人就同一船舶、航空器、机动车等特殊动产订立多重买卖合同，在买卖合同均有效的情况下，买受人均要求实际履行合同的，应当按照以下情形分别处理：（一）先行受领交付的买受人请求出卖人履行办理所有权转移登记手续等合同义务的，人民法院应予支持；（二）均未受领交付，先行办理所有权转移登记手续的买受人请求出卖人履行交付标的物等合同义务的，人民法院应予支持；（三）均未受领交付，也未办理所有权转移登记手续，依法成立在先合同的买受人请求出卖人履行交付标的物和办理所有权转移登记手续等合同义务的，人民法院应予支持；（四）出卖人将标的物交付给买受人之一，又为其他买受人办理所有权转移登记，已受领交付的买受人请求将标的物所有权登记在自己名下的，人民法院应予支持。可见，上述司法解释明确了交付产生动产物权变动的原则，即便机动车等特殊动产已过户到第三人名下，但只要特殊动产已交付买受人，则应当过户给买受人。

在上述案例中，R 县法院于 2014 年 4 月 30 日对车辆采取了查封扣押，而冯某、唐某已于 2014 年 3 月 20 日签订机动车买卖协议，该机动车买卖协议成立于 R 县人民法院对车辆查封扣押之前，不属于处置法院查封扣押标的物的情形，机动车买卖协议合法有效。同时，唐某于签订机动车买卖协议当日已经将车辆交付冯某占有使用，因此在唐某将车辆交付给冯某后，车辆所有权就转移给了冯某，冯某即为车辆的所有权人，该查封扣押实际为对冯某所有的车辆的查封，不影响冯某对该车辆物权的取得。综上，R 县人民法院对该车辆的查封扣押不影响冯某对车辆实际所有权的实现，冯某按照机动车买卖协议履行了合同义务，有权要求唐某依买卖合同履行过户义务。

【案例 2-6】货物被扣押，卖方能否以此前“善意取得”为由拒退货款？

2016 年 10 月 3 日，崔某（卖方）与张某（买方）签订协议，约定崔某将挖掘机一台转让给张某，价格为 20.5 万元，崔某在出售信息中承诺“挖掘机无银行欠款、没有任何经济纠纷”。崔某出售挖掘机时，还向张某出示了一份《顶账协议》，载明挖掘机来源合法、非盗抢车辆、无个人经济纠纷，落款时间为 2016 年 8 月 16 日。

之后，某省法院以该挖掘机系应当被执行的财产为由，将该车扣押。无奈，张某要求崔某返还购挖掘机款。但崔某表示，挖掘机为其善意取得，有权处分，拒绝退款。后经法院调查，崔某的挖掘机系 2016 年 9 月 13 日从王某处低价购买，与其此前向张某出示的《顶账协议》日期与事实均不相符。

律师指引 根据《民法典》第六百一十二条的规定，出卖人就交付的标的物，负有保证第三人对该标的物不享有任何权利的义务，但是法律另有规定的除外。同时，根据《民法典》第六百一十三条的规定，买受人订立合同时知道或者应当知道第三人对买卖的标的物享有权利的，出卖人不承担前条规定的义务。也就是说，权利瑕疵担保责任系无过错责任，出卖人不论是否存在过错，均应承担责任，除非当事人有特殊约定、买受人知情或应当知情。

在上述案例中，首先，即便崔某善意取得，有权处理挖掘机，亦不影响其对挖掘机承担的权利瑕疵担保义务。其次，该挖掘机系崔某于 2016 年 9 月 13 日从王某处低价购得，而不是 2016 年 8 月 16 日基于《顶账协议》而取得，崔某向张某出售挖掘机时隐瞒了该事实。挖掘机由于存在经济纠纷而被法院扣押，合同目的无法实现，崔某作为出卖人应当承担因挖掘机存在权利瑕疵而产生的违约责任。因此，张某有权要求崔某返还购挖掘机款。

【案例 2-7】对于仅办理了抵押预告登记的房产，银行有权处置吗？

2013 年 1 月 30 日，Z 银行与陈某签订《个人住房借款合同》，约定陈某向 Z 银行借款 32 万元用于购置房产，陈某提供该房产作为抵押物担保还款；2013 年 1 月 31 日，房地产交易管理部门对上述房产进行了预购商品房抵押权预告登记。上述合同签订后，Z 银行依约向陈某发放贷款 32 万元。

陈某于 2016 年 2 月 28 日开始违约，未按约还款；截至 2017 年 12 月 14 日，陈某尚欠 Z 银行借款本金人民币 274092.55 元、利息（含罚息、复利）597.63 元。为此，Z 银行向法院起诉，要求处置房产行使抵押担保权。但陈某提出，该房产未正式办理不动产权登记及抵押登记，银行无权处置。

➡ 律师指引　根据《最高人民法院关于审理商品房买卖合同纠纷案件适用法律若干问题的解释》（2020 修正）第二十二条规定，买受人未按照商品房担保贷款合同的约定偿还贷款，亦未与担保权人办理商品房抵押登记手续，担保权人起诉买受人，请求处分商品房买卖合同项下买受人合同权利的，应当通知出卖人参加诉讼；担保权人同时起诉出卖人时，如果出卖人为商品房担保贷款合同提供保证的，应当列为共同被告。

在上述案例中，抵押权预告登记虽非正式抵押登记而不产生设立抵押权的法律效果，但第三人可通过抵押权预告登记情况知悉不动产将来可能设立抵押权，故其亦已具备一定的公示外观，在特定条件下，赋予债权人对不动产的优先权，并不违反物权公示要求。为此，债权人Z银行有权处分购房人陈某于商品房买卖合同项下的合同权利，而陈某取得的商品房所有权亦属于该权利范畴，故Z银行有权处置该商品房，就不动产拍卖、变卖所得价款享有优先受偿权。

应当提醒的是，当商品房具备办理抵押登记条件时，如果购房人怠于办理登记，属于购房人为自己的利益而不正当地阻止条件成就，参照附条件民事法律行为的相关法律规定，视为条件已成就，即债权人行使优先权的条件因义务人恶意阻却而视为已成就。

【案例2-8】已知房屋存在租赁，买方能否主张交付房屋权利不完整?

2013年12月13日，F公司（卖方）与G公司（买方）签订《存量房买卖合同》，约定F公司将其所有的房屋出售给G公司，G公司已充分了解该房屋具体状况；该房屋的相关权益随房屋一并转让；F公司保证已如实陈述上述房屋权属状况和其他具体状况，保证该房屋不受他人合法追索。

合同签订后，G公司付清全部房款，于2014年1月6日取得上述房屋所有权及土地使用权。2014年1月14日，F公司将房屋交付给G公司，但房屋由程某实际占有使用且已缴纳了租金。无奈，G公司以F公司交付的房屋权利不完整、无法正常使用为由，要求F公司赔偿损失。但F公司表示自己不存在违约情况，理由是G公司购买时已知悉房屋存在租赁的情况。

律师指引 根据《民法典》第六百一十二条的规定，出卖人就交付的标的物，负有保证第三人对该标的物不享有任何权利的义务，但是法律另有规定的除外。同时，第六百一十三条也规定，买受人订立合同时知道或者应当知道第三人对买卖的标的物享有权利的，出卖人不承担前条规定的义务。

在上述案例中，程某租赁和实际使用房屋，按期缴纳租金，享有使用权益。由于G公司在购买房屋过程中已知晓该房屋的权属及具体使用状况，F公司不再对该房屋承担权利瑕疵担保义务。在合同生效并交付之后，G公司以F公司交付的房屋权利不完整、无法正常使用为由，要求F公司赔偿损失缺乏事实和法律依据。

二、标的物风险分担

54 一般交易中，货物损毁、灭失的风险分担如何确定？

根据《民法典》第六百零四条的规定，标的物毁损、灭失的风险，在标的物交付之前由出卖人承担，交付之后由买受人承担，但是法律另有规定或者当事人另有约定的除外。也就是说，货物在交易过程中的风险转移以交付为界限，交付前由出卖人承担，交付后转移给买受人。

55 对于需要运输的货物，如何界定“交付”的风险转移？

《民法典》第六百零三条的规定，出卖人应当按照约定的地点交付标的物。当事人没有约定交付地点或者约定不明确，依照本法第五百一十条的规定仍不能确定的，适用下列规定：（一）标的物需要运输的，出卖人应当将标的物交付给第一承运人以运交给买受人；（二）标的物不需要运输，出卖人和买受人订立合同时知道标的物在某一地点的，出卖人应当在该地点交付标的物；不知道标的物在某一地点的，应当在出卖人订立合同时的营业地交付标的物。

《民法典》第六百零六条规定，出卖人出卖交由承运人运输的在途标的物，除当事人另有约定的以外，毁损、灭失的风险自合同成立时起由买受人承担。

《民法典》第六百零七条规定，出卖人按照约定将标的物运送至买受人指定地点并交付给承运人后，标的物毁损、灭失的风险由买受人承担。当事人没有约定交付地点或者约定不明确，依据本法第六百零三条第二款第一项的规定标的物需要运输的，出卖人将标的物交付给第一承运人后，标的物毁损、灭失的风险由买受人承担。

根据《最高人民法院关于审理买卖合同纠纷案件适用法律问题的解释》(2020)第八条的规定，民法典第六百零三条第二款第一项规定的“标的物需要运输的”，是指标的物由出卖人负责办理托运，承运人系独立于买卖合同当事人之外的运输业者的情形。标的物毁损、灭失的风险负担，按照民法典第六百零七条第二款的规定处理。

根据上述法律规定可知，如果承运人是独立于买卖合同当事人之外的运输者，则需要运输的货物之风险在货交承运人时转移给买受人。

56 因买受人违约而无法如期交付的，货物毁损、灭失风险何时转移？

根据《民法典》第六百零五条规定，因买受人的原因致使标的物未按照约定的期限交付的，买受人应当自违反约定时起承担标的物毁损、灭失的风险。

57 交易时未装袋加盖标记的散装农产品存放仓库遭毁损，风险由谁承担？

根据《最高人民法院关于审理买卖合同纠纷案件适用法律问题的解释》（2020）第十一条的规定，当事人对风险负担没有约定，标的物为种类物，出卖人未以装运单据、加盖标记、通知买受人等可识别的方式清楚地将标的物特定于买卖合同，买受人主张不负担标的物毁损、灭失的风险的，人民法院应予支持。

58 合同终止后，货物到达但买方拒收的，毁损、灭失风险由谁承担？

根据《民法典》第五百五十八条的规定，债权债务终止后，当事人应当遵循诚信等原则，根据交易习惯履行通知、协助、保密、旧物回收等义务。也就是说，买卖合同终止后，货物已经到达买方但买方拒绝收取的，买方应当及时遵循诚实信用原则，根据交易习惯履行通知、协助等义务，如果违反上述义务，需要对货物损毁、灭失的风险承担相应责任。

59 《二手车买卖合同》签订后车辆被撞的，损失由谁承担？

当事人签订车辆买卖合同时，可约定标的物风险转移的时间。如果合同中没有特别约定风险转移的时间，那么标的物毁损、灭失的风险应当与货物转移的时间一致。根据《民法典》第六百零四条的规定，标的物毁损、灭失的风险，在标的物交付之前由出卖人承担，交付之后由买受人承担，但是法律另有规定或者当事人另有约定的除外。由此可见，在标的物交付之前风险由出卖方承担，在标的物交付之后风险由买方承担。在《二手车买卖合同》签订后，如果合同没有约定标的物风险转移时间，且汽车尚未交付给买受人，则车辆被撞的损失应当由出卖方承担。

【案例 2-9】买方自行提货的，货物毁损、灭失风险何时转移?

案例一：2011 年始，王某成为 L 农用化肥有限公司（以下简称“L 公司”）的经销商。双方交易方式为王某先向 L 公司付款，L 公司为王某开具提货票据；王某凭票据提货，提货地点为 L 公司承租的粮食储备库；双方未约定提货时间。

王某于 2013 年 5 月 13 日和 15 日向 L 公司支付购买 300 吨化肥的货款后，L 公司当月（即 2013 年 5 月）分批为王某出具了多份出库单，由王某凭出库单陆续提取部分货物。但 2013 年 12 月，王某再次前往提货时发现化肥出现结块现象，为此提出解除买卖合同，要求 L 公司返还其购货款及利息。但 L 公司不同意为王某换货或退货，理由是王某在收到公司出具的出库单后未提取全部化肥长达 7 个月之久，化肥出现结块的后果应由王某自行承担。

➡ 律师指引　根据《民法典》第五百九十八条的规定，出卖人应当履行向买受人交付标的物或者交付提取标的物的单证，并转移标的物所有权的义务。同时，第六百零五条的规定，因买受人的原因致使标的物未按照约定的期限交付的，买受人应当自违反约定时起承担标的物毁损、灭失的风险。

在上述案例中，L公司收到王某支付的化肥款后，于2013年5月11日至同年5月27日向王某开具并交付用于提取化肥的配送中心出库单，出库单持有人持该出库单即可向仓储保管人，即粮食储备库提取化肥。出库单是一种交付的权利凭证，至此L公司作为出卖人的交付义务已履行完毕，王某取得化肥所有权并应承担毁损、灭失的风险。与此同时，买受人自提货物的，在双方未有明确约定提货时间的情况下，以货物的合理提取时间为交货时间。王某作为化肥经销商应当知道不及时提货可能造成的后果，而其却在收到L公司出具的出库单后未全部提取化肥长达7个月之久，现化肥出现结块的后果应由王某自行承担。

案例二：2017年，刘某在D县经营沙场。2017年11月28日至2017年12月12日，李某向刘某预付了购沙款42万元，双方约定，李某自行提货运输，双方在刘某沙场现场登记开票后买卖完成。后李某陆续从刘某经营的沙场拉走价值178030元的沙，尚有价值241970元的沙未提取。随后一场台风来袭，由于防护不及时，未被李某拉走的沙遭大雨损毁。

2019年7月29日，李某诉至法院，要求刘某偿还购沙款241970元并支付利息。但刘某提出，货物已交付给李某，只是暂时存放在沙场，保管责任应由李某承担；双方结算保管费用后，按照货物价值，李某还应当向其支付不足的货款。

➲ 律师指引　根据《最高人民法院关于审理买卖合同纠纷案件适用法律问题的解释》(2020)第十一条的规定，当事人对风险负担没有约定，标的物为种类物，出卖人未以装运单据、加盖标记、通知买受人等可识别的方式清楚地将标的物特定于买卖合同，买受人主张不负担标的物毁损、灭失的风险的，人民法院应予支持。

在上述案例中，刘某未以装运单据、加盖标记、通知买受人等可识别的方式将标的物特定化，且双方并未特别约定该货物所有权自李某预付全部货款时即转移，同时按双方的交易习惯，需要李某自行提货运输并现场登记开票后买卖才实际完成，故标的物的灭失并非李某所致，后果不应由李某承担。

【案例2–10】约定收货地点的货物途中损毁，风险由谁承担？

2017年7月，佘某在化妆品批发商胡某处订购了一批价格为127296元的化妆品，收货地点为X区X路。2017年7月26日、27日，佘某向胡某转账127296元，但未能在约定时间和地点收到货物。2017年8月4日，佘某再次给予胡某15天宽限期，但胡某也未在合理期限内补发货物。

后佘某诉至法院，诉请解除与胡某签订的《化妆品买卖合同》，要求胡某返还货款127296元。但胡某表示，其已按约定将货物交付给物流公司，货物在运输途中毁损，不属于自己的过错，毁损风险应由佘某承担。

律师指引 根据《最高人民法院关于审理买卖合同纠纷案件适用法律问题的解释》（2020）第九条的规定，出卖人根据合同约定将标的物运送至买受人指定地点并交付给承运人后，标的物毁损、灭失的风险由买受人负担，但当事人另有约定的除外。可见，在明确约定交付地点的情况下，只有出卖人履行将标的物运至指定地点和交付给承运人这两项义务后，标的物毁损灭失风险才发生转移。

上述案例中，佘某向胡某支付了货款 127296 元，胡某应在约定的地点向佘某交付化妆品。由于双方约定了具体的交货地点，因此胡某将化妆品运送至 X 区 X 路之后，化妆品毁损、灭失的风险才由佘某承担。由于胡某未按照合同约定将佘某订购的化妆品运至约定的 X 区 X 路，构成违约，应承担没有按约定地点交付货物的违约责任。

【案例 2-11】未交付标的物的单证资料，出卖人是否要承担标的物损毁、灭失风险?

汪某出售进口马匹，于 2013 年 7 月 20 日入境一批马匹，检疫局出具检疫许可证后将该批马匹运往隔离场进行隔离检测，未见异常。汪某遂委托第三人白某运输马匹，运输过程中白某给苏某打电话称："现有 3 匹进口马，低价出售。"苏某得知欲购买，便与汪某电话协商购买了 2 匹马，价格共计 13.8 万元。

2013 年 11 月 15 日，苏某向汪某支付了 13.8 万元后，将马匹领走。但苏某向汪某索要马匹相关的进口手续，汪某未能提供。

2013 年 12 月 7 日、2014 年 12 月 23 日，苏某所购 2 匹马先后病死。双方为此发生争议，苏某认为汪某未能提供马匹的相关进口手续，应当对马匹的死亡承担违约责任。

➋ 律师指引　根据《民法典》第六百零四条的规定，标的物毁损、灭失的风险，在标的物交付之前由出卖人承担，交付之后由买受人承担，但是法律另有规定或者当事人另有约定的除外。同时，第六百零九条规定，出卖人按照约定未交付有关标的物的单证和资料的，不影响标的物毁损、灭失风险的转移。

上述案例中，苏某、汪某并未约定汪某交付相关手续的时间，也未约定当汪某不出具 2 匹马的相关进口手续时，标的物毁损、灭失的风险应由汪某承担。汪某不完全履行出具 2 匹马相关手续的违约行为，并不影响苏某承担标的物毁损、灭失的风险。苏某作为买受人，在马匹交付时应当进行查验，在不能证明 2 匹马出售前已患有慢性病或其他疫病的情况下，苏某应当承担所购 2 匹马交付之后毁损、灭失的风险。

【案例 2-12】出卖人将货物置于交付地点后，买受人迟延提货发现数量短缺，风险由谁承担？

2010 年 10 月 27 日，T 公司（买方）与 Z 公司（卖方）签订了一份《购销合同》，双方约定：购买 2 万吨（±10%，由卖方决定）焦煤，自货物通关之日起，买方于 7 个工作日内支付全部货款并于 20 日内在 R 港码头堆场提取完毕；自第 21 日起，未提完货物的堆存费由买方承担；卖方收到买方全部货款后，通知货运公司代放相应金额的货物，买方提货完毕后，双方最终结算货款，多退少补。

合同签订后第三天，Z 公司告知 T 公司货物已全部到达 R 港码头堆场，提单数量为 20929 吨，T 公司按提单数量 20929 吨付清了全部货款。但截至 2011 年 5 月 25 日，T 公司仅提走了 20401.44 吨货物，对比提单数量少了 527.56 吨。后负责货物存储的公司告知 T 公司没有可以提取的货物了，T 公司为此依据合同约定的单价，要求 Z 公司向其返还 80 余万元货款。

➜ 律师指引 根据《合同法》第六百零八条的规定，出卖人按照约定将标的物置于交付地点，买受人违反约定没有收取的，标的物毁损、灭失的风险自违反约定时起由买受人承担。上述风险是指在买卖合同中，由于不可归责于买卖双方当事人的事由而致使标的物遭受毁损、灭失的情形。风险发生的事由一般包括不可抗力、意外事件和当事人不能预见的第三人原因。

在上述案例中，双方当事人约定的交货地点为 R 港码头堆场，Z 公司已将重量为 20929 吨的货物交付到合同约定的地点，履行了合同的交付义务。T 公司迟延提货后发现货物数量短缺，该情形属于买卖合同中标的物的风险。T 公司由于自身原因，未能在合同约定的期限内提取货物，如果 T 公司无法证明货物数量少于 20929 吨的损失事实上是由 Z 公司造成的，则该损失属于法律意义上的风险，该风险应由 T 公司承担。

【案例 2-13】转让的厂房无人看管遭雪灾损毁，风险由谁承担？

2007 年 12 月 29 日，D 电器设备生产有限公司（以下简称“D 公司”）与丁某协商签订了《厂房转让协议书》，双方约定：D 公司将某电炉生产项目的厂房及相关设施、权属转让给丁某，丁某支付相应转让款。

协议签订后，D 公司于 2007 年 12 月 29 日将厂房设备、环保手续等交付给丁某，丁某按约支付了第一期和第二期厂房设备转让款共 140 万元，但双方未办理厂房变更登记和交接手续。2008 年初，因出现雪灾大冰冻天气，厂房倒塌。D 公司认为厂房产权已经转让，但丁某提出厂房并没有实际交付使用，究竟厂房损毁的责任应当由谁承担，双方为此诉至法院。

➲ **律师指引**　根据《民法典》第六百零四条的规定，标的物毁损、灭失的风险，在标的物交付之前由出卖人承担，交付之后由买受人承担，但是法律另有规定或者当事人另有约定的除外。可见，《民法典》规定标的物风险承担以交付为界限的理由是标的物归谁占有，谁就最方便维护财产安全，而不直接占有财产的当事人维护财产相对有困难，因此以交付作为确定风险的界限，有助于督促实际占有人积极保护财产。

在上述案例中，D 公司与丁某签订《厂房转让协议书》后，双方未办理任何交接手续，且 D 公司没有证据证明丁某已实际使用该厂房，应认定该厂房并未实际交付给丁某，其毁损、灭失的风险仍应由 D 公司承担。风险多由自然灾害等意外事件引起，唯有直接占有、支配、使用财产人方能完整地履行善良管理人之职责以避免损害发生，但买受人丁某在合同签订后怠于行使自己的权利，致使厂房在合同签订后长期处于无人看管的状态，对厂房的毁损也应承担相应责任。为此，综合考虑雪灾致使厂房倒塌造成损失的大小和丁某、D 公司都未履行善良管理人的职责，法院最终酌定丁某与 D 公司对此损失各承担一半责任。

三、标的物检验

60 标的物质量约定不明时，如何确定标准？

《民法典》第六百一十五条的规定，出卖人应当按照约定的质量要求交付标的物。出卖人提供有关标的物质量说明的，交付的标的物应当符合该说明的质量要求。第六百一十六条规定，当事人对标的物的质量要求没有约定或者约定不明确，依照本法第五百一十条的规定仍不能确定的，适用本法第五百一十一条第一项的规定。

《民法典》第五百一十条规定，合同生效后，当事人就质量、价款或者报酬、履行地点等内容没有约定或者约定不明确的，可以协议补充；不能达成补充协议的，按照合同有关条款或者交易习惯确定。第五百一十一条规定，当事人就有关合同内容约定不明确，依照本法第五百一十条的规定仍不能确定的，适用下列规定：（一）质量要求不明确的，按照强制性国家标准、行业标准履行；没有国家标准、行业标准的，按照通常标准或者符合合同目的的特定标准履行。（二）价款或者报酬不明确的，按照订立合同时履行地的市场价格履行；依法应当执行政府定价或者政府指导价的，按照规定履行。（三）履行地点不明确，给付货币的，在接受货币一方所在地履行；交付不动产的，在不动产所在地履行；其他标的，在履行义务一方所在地履行。（四）履行期限不明确的，债务人可以随时履行，债权人也可以随时要求履行，但是应当给对方必要的准备时间。（五）履行方式不明确的，按照有利于实现合同目的的方式履行。（六）履行费用的负担不明确的，由履行义务一方负担。

根据上述法律规定可知，出卖人应当提供有关标的物质量的说明，且交付的标的物应当符合该说明的质量要求。约定不明时，可以协议补充；不能达成协议的，可以按照合同有关条款或交易习惯确定；既无法协议补充，又无合同条款或交易习惯可参照的，则按照国家标准、行业标准履行；没有国家标准、行业标准的，按照通常标准或者符合合同目的的特定标准履行。

61 货物检验期限未作约定的，如何确定合理期限？

《民法典》第六百二十条的规定，买受人收到标的物时应当在约定的检验期限内检验。没有约定检验期限的，应当及时检验。

《民法典》第六百二十三条规定，当事人对检验期限未作约定，买受人签收的送货单、确认单等载明标的物数量、型号、规格的，推定买受人已经对数量和外观瑕疵进行检验，但是有相关证据足以推翻的除外。

《最高人民法院关于审理买卖合同纠纷案件适用法律问题的解释》（2020修正）第十二条规定，人民法院具体认定民法典第六百二十一条第二款规定的“合理期限”时，应当综合当事人之间的交易性质、交易目的、交易方式、交易习惯、标的物的种类、数量、性质、安装和使用情况、瑕疵的性质、买受人应尽的合理注意义务、检验方法和难易程度、买受人或者检验人所处的具体环境、自身技能以及其他合理因素，依据诚实信用原则进行判断。民法典第六百二十一条第二款规定的“两年”是最长的合理期限。该期限为不变期间，不适用诉讼时效中止、中断或者延长的规定。

《最高人民法院关于审理买卖合同纠纷案件适用法律问题的解释》（2020修正）第十四条规定，民法典第六百二十一条规定的检验期限、合理期限、两年期间经过后，买受人主张标的物的数量或者质量不符合约定的，人民法院不予支持。出卖人自愿承担违约责任后，又以上述期限经过为由翻悔的，人民法院不予支持。

根据上述法律规定可知，没有约定检验期限的，买受人收到货物时应当及时检验。至于及时检验的合理期限，应当综合当事人之间的交易性质、交易目的、交易方式、交易习惯、标的物的种类、数量、性质、安装和使用情况、瑕疵的性质、买受人应尽的合理注意义务、检验方法和难易程度、买受人或者检验人所处的具体环境、自身技能以及其他合理因素，依据诚实信用原则进行判断，最长不超过两年。

62 约定期限过短难以完成货物全面检验的，如何救济？

根据《民法典》第六百二十二条规定，当事人约定的检验期限过短，根据标的物的性质和交易习惯，买受人在检验期限内难以完成全面检验的，该期限仅视为买受人对标的物的外观瑕疵提出异议的期限。约定的检验期限或者质量保证期短于法律、行政法规规定期限的，应当以法律、行政法规规定的期限为准。

由此可见，交易时约定的检验期限过短，难以完成全面检验的，认定所约定的期限为买受人对外观瑕疵提出异议的期限；而对隐蔽瑕疵提出异议的合理期限，则综合当事人之间的交易性质、交易目的、交易方式、交易习惯、标的物的种类、数量、性质、安装和使用情况、瑕疵的性质、买受人应尽的合理注意义务、检验方法和难易程度、买受人或者检验人所处的具体环境、自身技能以及其他合理因素，依据诚实信用原则进行判断。

63 买受人指示向第三人交付货物的，以买受人还是第三人的检验标准为准？

根据《民法典》第六百二十四条的规定，出卖人依照买受人的指示向第三人交付标的物，出卖人和买受人约定的检验标准与买受人和第三人约定的检验标准不一致的，以出卖人和买受人约定的检验标准为准。

64 商品房交付时存在瑕疵，能否拒绝收房？

根据《民法典》第六百一十条的规定，因标的物质量不符合质量要求，致使不能实现合同目的的，买受人可以拒绝接受标的物或者解除合同。买受人拒绝接受标的物或者解除合同的，标的物毁损、灭失的风险由出卖人承担。同时，根据《最高人民法院关于审理商品房买卖合同纠纷案件适用法律若干问题的解释》（2020 修正）第九条的规定，因房屋主体结构质量不合格不能交付使用，或者房屋交付使用后，房屋主体结构质量经核验确属不合格，买受人请求解除合同和赔偿损失的，应予支持。也就是说，房屋质量问题达到根本违约的程度，不能实现合同目的时，买受人可以拒绝收房。房屋质量问题严重程度达到根本违约的标准一般为：工程未经验收或验收不合格，房屋主体质量不合格，质量瑕疵严重影响正常居住使用，出现合同约定的构成根本违约的质量问题。但一般的房屋质量瑕疵，如不影响房屋的正常居住使用，买受人不得拒绝收房。

需要提醒的是，作为买受人，在房屋质量出现瑕疵时，享有请求出卖人予以维修、进行赔偿等权利。首先，应区分严重质量问题与一般质量瑕疵，合理利用法律手段进行维权。其次，如果房屋取得工程竣工验收备案以及交付使用许可，且合同双方并未就房屋质量瑕疵程度进行约定，那么关于房屋存在的质量问题是否严重影响正常居住使用，当事人应当对自己提出的主张所依据的事实提供证据证明。

【案例 2-14】超检验期限提出的质量异议能否作为拒付货款的理由？

F 公司（卖方）与 Y 协会（买方）签订了购销合同，F 公司向 Y

协会提供一批有机肥，货物金额合计192.144万元。合同约定：Y协会应于2016年1月15日前向F公司支付合同总金额的30%作为合同履行保证金；Y协会收到F公司的货物并验收合格后60个工作日内支付合同总金额的30%；剩余40%货款应在Y协会收货检验完成时支付（2016年10月30日前）。合同签订后，F公司从2016年3月至2016年6月期间陆续分三批次向Y协会供给有机肥1200吨，货物总价款185.9万元。

Y协会2016年2月向F公司支付货款20万元，2016年5月支付货款30万元，剩余货款一直拖延未付，为此F公司于2016年12月诉至法院。双方对供货的交易事实均予认可，但对支付货款存在争议。F公司认为自己已按照约定向Y协会提供了相应货物，Y协会也应当按照约定履行支付货款的义务；但Y协会则对F公司所供给货物中的固体有机肥提出了产品质量异议，向法院提交了一份2016年11月某第三方检测机构出具的证明产品质量不合格的检验报告，以质量不合格为由拒付该部分货款。

➲ 律师指引　根据《民法典》第六百二十条的规定，买受人收到标的物时应当在约定的检验期限内检验。没有约定检验期限的，应当及时检验。同时，第六百二十一条的规定，当事人约定检验期限的，买受人应当在检验期限内将标的物的数量或者质量不符合约定的情形通知出卖人。买受人怠于通知的，视为标的物的数量或者质量符合约定。当事人没有约定检验期限的，买受人应当在发现或者应当发现标的物的数量或者质量不符合约定的合理期限内通知出卖人。买受人在合理期限内未通知或者自标的物收到之日起两年内未通知出卖人的，视为标的物的数量或者质量符合约定，但对标的物有质量保证期的，适用质量保证期，不适用该二年的规定。出卖人知道或者应当知道提供的标的物不符合约定的，买受人不受前两款规定的通知时间的限制。

在上述案例中，F公司、Y协会在签订合同时，对产品质量的检验期限进行了约定，即2016年10月30日前。而从Y协会提供的证明产品质量不合格的检验报告来看，Y协会提出质量异议的时间已经超过了双方约定的检验期限。同时，在达成交易协议后，F公司自2016年3月至2016年6月期限陆续向Y协会提供有机肥1280吨，Y协会亦分别于2016年2月、2016年5月向F公司支付货款共50万元，其间Y协会并未就产品质量问题提出过任何异议。为此，在超出约定检验期之后，Y协会以单方委托第三方检测机构出具的质量检验报告作为拒付货款的理由不受支持。

【案例2-15】卖方未提供质量合格证，买方能否以此为由延迟支付?

2014年11月4日，Y公司（卖方）与Z公司（买方）签署《不锈钢合同》，合同约定：材料出厂证明、质量合格证、质量检测合格证明等文件应附随材料于交货验收时一并交付Z公司；材料送达交货地点后，Z公司在合理期间内组织Z公司及其他相关方共同对材料进行检查验收。

合同签订后，Y公司交付了货物，但Z公司只向Y公司支付了部分货款，剩余款项一直未付。双方因此争执不下，诉至法院。Y公司主张，Z公司应当向其支付货款、质保金、违约金；而Z公司则认为，Y公司未依约提供材料出厂证明、质量合格证、质量检测合格证明等文件，尚未验收合格，不应当支付余款。

➲ 律师指引　根据《民法典》第五百九十九条，出卖人应当按照约定或者交易习惯向买受人交付提取标的物单证以外的有关单证和资料。但《最高人民法院关于审理买卖合同纠纷案件适用法律问题的解释》（2020修正）第十九条规定，出卖人没有履行或者不当履行从给付义务，致使买受人不能实现合同目的，买受人主张解除合同的，人民法院应当根据民法典第五百六十三条第一款第四项的规定，予以支持。

在上述案例中，Y公司应当向Z公司交付材料出厂证明、质量合格证、质量检测合格证明等文件，但交付上述证明文件属于从给付义务范畴。一般而言，只有当从给付义务与当事人合同目的密切相关，影响当事人合同目的（即当事人一方在订立合同时追求的目标和基本利益）实现时，才产生合同抗辩权。Y公司未依约向Z公司交付证明文件，但已交付货物，同时并没有出现致使买受人不能实现合同目的的情形，从给付义务的不履行并未影响合同目的实现，故未交付证明文件不应成为Z公司拒绝支付货款的抗辩事由。

【案例2-16】买方的付款行为能否被视为对货物质量的认可？

2007年9月17日，P公司（甲方）与Z公司（乙方）签订采购合同，双方约定：甲方购买乙方生产的干燥机设备一套，合同总价款6490万元；质量标准按甲、乙双方2007年8月26日签订的技术文件资料执行，技术协议没有约定的质量标准按相应的国家标准、行业标准及最优原则执行；乙方对其检验后出厂的设备质量负全部责任；干燥机设备质量验收合格视为设备交付，但不视为对乙方质量责任的解除；在产品的安全使用期内，乙方对交付的产品承担质量保证义务，非因甲方原因和不可归责于甲方原因所引起的产品质量问题，乙方均应按照合同约定、技术要求和国家法律法规承担维修、更换或退货责任；包修、包退、包换的“三包”期限为自干燥机验收合格之日起三年。

2009年11月15日，设备交付并投入使用。2010年12月至2012年12月，P公司多次向Z公司提出机器设备的产品质量问题。双方就质量问题的解决进行了多次协商，Z公司亦积极予以回应。直至2012年1月,P公司共计为CTA/PTA回转干燥机设备支付货款5871.69万元。

后由于机器设备故障不断，无法正常使用，P公司要求更换一台新的机器，遭到Z公司拒绝。为此，双方诉至法院。经司法鉴定，P公司所购买的机器设备确实存在质量问题。但Z公司认为，P公司已经将机器设备投入使用，且从付款进度看，P公司已付款项达到全部货款的70%，可以说明机器设备在使用中验收合格，Z公司不存在违约行为。

➲ 律师指引　根据《最高人民法院关于审理买卖合同纠纷案件适用法律问题的解释》（2020修正）第十三条，买受人在合理期间内提出异议，出卖人以买受人已经支付价款、确认欠款数额、使用标的物等为由，主张买受人放弃异议的，人民法院不予支持，但当事人另有约定的除外。

在上述案例中，P公司已验收合格并将机器设备投产几年，Z公司关于设备的交付义务已经完成，但机器设备在交付后仍存在质量问题，司法鉴定结论亦支持这一点，Z公司不能因完成设备的交付而免除对产品的质量责任。P公司虽已支付绝大部分货款，但已在接受设备后的合理期限内对设备的质量问题提出异议。因此，Z公司不能以买受方已经支付绝大部分货款为由，主张P公司已放弃质量异议的权利。

【案例2-17】隐蔽瑕疵难以检验，如何确定合理异议期？

钟某（卖方）与A设备生产有限公司（以下简称“A公司”，买方）于2013年8月31日签订《协议书》，双方约定：钟某将蒸汽锅炉配套设备出售给A公司，不含税价格为170万元；钟某应保证设备质量、数据全部符合国家标准、要求，出售产品实行“三包”，保修期不少于一年，销售方或生产商对设备提供完整、及时的售后服务等。合同签订后，A公司向钟某支付货款并提货。2014年1月27日，锅炉设备安装完毕，检测研究院对锅炉安装进行监督检验，检验报告载明安装质量合格。安装检验合格后，A公司开始使用锅炉设备，并于2015年、2016年对锅炉设备进行报检，年检为合格。

2016年11月6日，锅炉设备在运行过程中出现喷射高温蒸汽及导热油安全事件，A公司委托检测机构对高温蒸汽发生器进行耐压试验，试验结果为：断定壳体和管程之间存在穿透性裂纹。2017年，A公司诉至法院要求与钟某解除合同，理由是对方销售的蒸汽锅炉设备存在隐蔽瑕疵，是不合格产品。

➲ 律师指引　根据《民法典》第六百二十一条的规定，当事人没有约定检验期限的，买受人应当在发现或者应当发现标的物的数量或者质量不符合约定的合理期限内通知出卖人。买受人在合理期限内未通知或者自标的物收到之日起二年内未通知出卖人的，视为标的物的数量或者质量符合约定。同时，根据《最高人民法院关于审理买卖合同纠纷案件适用法律问题的解释》（2020修正）第十二条规定，人民法院具体认定民法典第六百二十一条第二款规定的“合理期限”时，应当综合当事人之间的交易性质、交易目的、交易方式、交易习惯、标的物的种类、数量、性质、安装和使用情况、瑕疵的性质、买受人应尽的合理注意义务、检验方法和难易程度、买受人或者检验人所处的具体环境、自身技能以及其他合理因素，依据诚实信用原则进行判断。

民法典第六百二十一条第二款规定的“二年”是最长的合理期限。该期限为不变期间，不适用诉讼时效中止、中断或者延长的规定。

在上述案例中，《协议书》中既没有约定检验期限，又没有约定标的物的质量保证期，无论是对机器设备外观还是隐蔽瑕疵或使用后发现的瑕疵问题，A公司都应当在发现或者应当发现机器设备的质量不符合约定的合理期限内通知出卖方，最长的合理期限为“两年”。锅炉设备安装检验日期为2014年1月27日，至A公司提起诉讼之日已经超过两年，A公司在两年内未提出质量异议已超过法律规定的时限。

【案例2-18】收货时未检验，使用后发现质量问题的，责任如何认定?

2018年9月11日，H公司(需方)与S公司(供方)签订钢材购销合同，约定H公司向S公司购买环保镀锌卷钢材3卷。合同约定：款到发货；按生产钢厂质量标准执行；交货时需方当场验收外观；需方提货后7天内验收，如有质量异议需保持产品原形并在7日内书面通知供方，逾期或改变原形视为供方所交产品符合需方标准。

H公司支付货款后，于2018年9月16日自提3卷镀锌卷，自提当日，S公司向H公司发送了上述钢板的产品质量证明书，其中载明伸长率为40.5%和41.5%。随后，H公司将上述钢板进行开条加工，但生产过程中有两卷钢板表面氧化、色彩斑驳，且存在冲压开裂的情况，无法使用。H公司于2018年9月18日向S公司发送质量异议函。2018年9月27日，S公司技术人员到H公司现场抽检，抽检结果:1. 确认两卷钢板有氧化问题；2.对于冲压开裂问题，经公司技术人员取样检测，取样钢板的伸长率为33.5%。

H公司遂诉至法院，要求S公司返还货款并赔偿损失。后法院查明，根据已有的某钢公司检测结果，钢板的质量问题并非只能在使用过程中发现，使用前的取样检测也可发现质量问题。

➔ 律师指引　根据《民法典》第六百二十条的规定，买受人收到标的物时应当在约定的检验期限内检验。没有约定检验期限的，应当及时检验。可见，检验是买受人对出卖人交付的标的物是否符合合同约定的质量、数量等内容的验证行为，其目的在于尽快地确定标的物的质量状况，明确责任，及时解决纠纷。

在上述案例中，就双方签订的钢材购销合同中对于验收的约定而言，H公司作为专业的生产企业，在收货时疏于对S公司交付的钢板进行验收而直接使用，应当对自己的过错承担相应的法律后果。对于存在质量问题的钢板价值贬损责任的承担，S公司未交付符合约定质量的产品，构成违约。因此，双方需根据违约情况及过错程度，对交付的产品价值贬损承担相应责任。

四、特种买卖

65 在《预售产品试用合同》中约定达到条件或期限后可退还货物的，是否属于试用买卖？

根据《最高人民法院关于审理买卖合同纠纷案件适用法律问题的解释》（2020修正）第三十条的规定，买卖合同存在下列约定内容之一的，不属于试用买卖。买受人主张属于试用买卖的，人民法院不予支持：（一）约定标的物经过试用或者检验符合一定要求时，买受人应当购买标的物；（二）约定第三人经试验对标的物认可时，买受人应当购买标的物；（三）约定买受人在一定期间内可以调换标的物；（四）约定买受人在一定期间内可以退还标的物。也就是说，尽管双方签订的合同名为“预售产品试用合同”，但如果合同条款作出一定条件下或者期限内可退货的约定，符合上述法律规定中不属于试用买卖合同的约定内容，则双方所签订的合同不属于试用买卖合同。

66 试用人在试用期届满后未作任何表示的，是否视为同意购买？

根据《民法典》第六百三十七条的规定，试用买卖的当事人可以约定标的物的试用期限。对试用期限没有约定或者约定不明确，依据本法第五百一十条仍不能确定的，由出卖人确定。同时，第六百三十八条明确规定，试用买卖的买受人在试用期内可以购买标的物，也可以拒绝购买。试用期限届满，买受人对是否购买标的物未作表示的，视为购买。

67 买受人在试用期内将试用品出租的，是否视为同意购买？

根据《民法典》第六百三十八条的规定，试用买卖的买受人在试用期内可以购买标的物，也可以拒绝购买。试用期限届满，买受人对是否购买标的物未作表示的，视为购买。试用买卖的买受人在试用期内已经支付部分价款或者对标的物实施出卖、出租、设立担保物权等行为的，视为同意购买。可见，试用期内对试用品进行出租的，由于出租行为属于非试用行为，因此视为同意购买。

68 在试用买卖中，买受人同意购买后，出卖人是否可以收取试用期的使用费？

试用买卖合同与普通买卖合同的根本区别在于“试用”。根据《民法典》第六百三十九条的规定，试用买卖的当事人对标的物使用费没有约定或者约定不明确的，出卖人无权请求买受人支付。可见，未约定试用期的，即便买受人试用后表示同意购买，出卖人仍无权要求买受人支付使用费。

69 在凭样品买卖中，合同约定的样品质量与文字说明不一致应如何处理？

根据《最高人民法院关于审理买卖合同纠纷案件适用法律问题的解释》（2020 修正）第二十九条，合同约定的样品质量与文字说明不一致且发生纠纷时当事人不能达成合意，样品封存后外观和内在品质没有发生变化的，人民法院应当以样品为准；外观和内在品质发生变化，或者当事人对是否发生变化有争议而又无法查明的，人民法院应当以文字说明为准。

70 样品存在隐蔽瑕疵，出卖人可否将交付的货物与样品相同作为免责事由？

所谓“隐蔽瑕疵”，是指存在于买卖标的物自身的，凭买受人的经验经过一般、通常的检验不易发现的品质瑕疵。根据《民法典》六百三十五条规定，凭样品买卖的当事人应当封存样品，并可以对样品质量予以说明。出卖人交付的标的物应当与样品及其说明的质量相同。同时，第六百三十六条还规定，凭样品买卖的买受人不知道样品有隐蔽瑕疵的，即使交付的标的物与样品相同，出卖人交付的标的物的质量仍然应当符合同种物的通常标准。

【案例 2–19】约定试用达到一定条件后应当购买的，是否属于试用买卖？

2015 年 1 月 29 日，A 橡胶有限公司（以下简称“A 公司”）与 B 水泥有限公司（以下简称“B 公司”）签订一份《工矿产品试用合同》（以下简称《试用合同》），双方就 B 公司制造一、二车间所需输送带的试用事宜达成协议，约定：1. A 公司向 B 公司提供 5 种类型的输送带，金额共计 47.26 万元；2. A 公司承诺该批产品在 B 公司正常工矿条件下使用的质保期为 180 天（从安装使用起计算使用时间），每条输送带单独考核使用时间，使用达到 180 天的付款，不够 180 天的不付款。

合同签订后，A 公司于 2015 年 2 月 15 日向 B 公司提供合同约定的货物。后由于 B 公司要求退回部分试用产品，遭到 A 公司拒绝，双方就所签订的《试用合同》是否属于合同法中规定的试用买卖产生分歧。

➲ 律师指引 根据《最高人民法院关于审理买卖合同纠纷案件适用法律问题的解释》(2020修正)第三十条，买卖合同存在下列约定内容之一的，不属于试用买卖。买受人主张属于试用买卖的，人民法院不予支持:(一)约定标的物经过试用或者检验符合一定要求时，买受人应当购买标的物;(二)约定第三人经试验对标的物认可时，买受人应当购买标的物;(三)约定买受人在一定期限内可以调换标的物;(四)约定买受人在一定期限内可以退还标的物。

在上述案例中，A公司、B公司双方签订的合同名称虽为“工矿产品试用合同”，但合同将“使用达到180天的付款，不够180天的不付款”作为付款基本条件，属于约定标的物经过试用或者检验符合一定要求时，买受人应当购买标的物的买卖合同，不属于试用买卖。

【案例2-20】买受人在试用期内支付部分价款的，是否视为同意购买?

朱某承包A市某区商贸城的部分建筑工程，需要使用瓷砖，于2015年1月25日向沈某购买瓷砖一批，约定货物总价款5.81万元。双方未签订书面买卖合同，口头约定朱某可先试用该瓷砖。随后，沈某按朱某要求将500件瓷砖送至指定地点。

2016年2月6日，朱某向沈某出具结算单，全部瓷砖款为5.81万元(已试用瓷砖价值3.37万元，尚剩余瓷砖2405件，价值2.44万元)。朱某将已试用瓷砖的价款支付给沈某，但当沈某准备将剩下的2405件瓷砖交付给朱某并要求付款时，朱某却拒不接受，声明其没有购买余下瓷砖的意思。

➲ 律师指引 根据《民法典》第六百三十八条的规定，试用买卖的买受人在试用期内可以购买标的物，也可以拒绝购买。试用期限届满，买受人对是否购买标的物未作表示的，视为购买。试用买卖的买受人在试用期内已经支付部分价款或者对标的物实施出卖、出租、设立担保物权等行为的，视为同意购买。也就是说，试用买卖是当事人双方约定由买受人试用或者检验标的物，以买受人认可标的物为条件的买卖合同。尽管试用买卖合同一般应当约定标的物的试用期限，试用买卖的买受人在试用期内可以购买标的物，也可以拒绝购买，但试用买卖的买受人在试用期内已经支付一部分价款的，视为买受人同意购买。

上述案例中，尽管双方约定的是试用瓷砖，但朱某在试用期限支付了部分价款，应当视为朱某同意购买全部的2905件瓷砖。

【案例2-21】试用期满买方未作任何表示，卖方可否扣除押金充抵货款?

2016年9月，卢某（买方）安装了洪某（卖方）销售的净水机一台，约定卢某先付押金1000元并试用设备，试用一周后可以继续使用，也可以退还给洪某。于是，卢某支付了押金1000元。

试用期满后，卢某仍将净水机留在家中，且其在试用期满后接受了洪某的赠品，但对是否购买净水机始终不作表示。无奈，洪某提出将卢某支付的押金充抵部分货款，双方为此发生纠纷。

➲ 律师指引 根据《合同法》第一百七十一条的规定，试用买卖的买受人在试用期内可以购买标的物，也可以拒绝购买。试用期限届满，买受人对是否购买标的物未作表示的，视为购买。

在上述案例中，洪某、卢某订立试用买卖合同，约定试用期为一周，尽管卢某在试用期满后未对是否购买净水机作任何表示，但仍将机器留在家中且接受洪某的赠品，按照法律规定视为同意购买。为此，卢某应当支付净水机货款，已交纳的1000元押金可在给付货款时进行抵扣。

【案例2-22】买受人违约导致付款次数增加的，是否成立分期付款合同？

2011年7月4日，刘某与陈某签订一份《出售合同》，双方约定：刘某将A林业公司的厂房及附属设施卖给陈某；合同签订时刘某交付厂房，陈某应当支付258万元购买款，分期支付，合同签订当日陈某支付150万元，其余108万元于2012年6月30日付清。

合同签订后，刘某按合同约定交付了厂房及附属设施，陈某支付价款150万元。但陈某未能按约定在2012年6月30日支付剩下的108万元。后经催要，陈某在2012年7月6日支付20万元，后来又支付12.5万元，仍欠75.5万元。

双方争执不下，诉至法院。刘某认为，其与陈某签订的《出售合同》为分期付款合同，合同价款共计258万元，陈某尚欠的75.5万元已经达到合同总价款的五分之一，自己有权根据《合同法》第一百六十七条的规定解除合同。

➡ 律师指引　根据《民法典》第六百三十四条规定，分期付款的买受人未支付到期价款的数额达到全部价款的五分之一，经催告后在合理期限内仍未支付到期价款的，出卖人可以请求买受人支付全部价款或者解除合同。出卖人解除合同的，可以向买受人请求支付该标的物的使用费。但值得注意的是，援引该条作为解除合同理由的话，必须符合该条规定的适用条件，也就是当事人签订的必须是分期付款合同。

分期付款买卖合同系特殊买卖合同，对此《最高人民法院关于审理买卖合同纠纷案件适用法律问题的解释》（2020修正）第二十七条规定，民法典第六百三十四条第一款规定的“分期付款”，系指买受人将应付的总价款在一定期限内至少分三次向出卖人支付。分期付款买卖合同的约定违反民法典第六百三十四条第一款的规定，损害买受人利益，买受人主张该约定无效的，人民法院应予支持。

在上述案例中，《出售合同》约定的转让款支付方式是签订合同当天付150万元，其余108万元于2012年6月30日付清，付款方式是分两次支付，并非《民法典》第六百三十四条第一款规定的分期付款，刘某不得援引该条主张解除合同。在合同实际履行过程中，陈某的违约行为致使付款次数超过三次，但不能以该实际履行行为认定合同性质是分期付款买卖合同，应当严格依照双方最初达成的合意判断合同的性质。

【案例2-23】可否在分期付款合同中约定“买方未支付到期价款低于全部价款五分之一的，卖方有权要求解除合同”？

2009年3月16日，张某与甄某签订《房屋买卖合同》，双方约定：1. 张某（甲方）将其坐落于A区某某大街18号（写字楼）第一座803的单元出卖给甄某（乙方）。2. 出卖价款总金额为净得价2540520元，采取分期付款的方式。乙方首先支付总房款的20%，计508104元。剩余80%房款为2032416元，乙方分120个月付完本金和利息，按月付款，每月固定本金16936.8元，每月固定利息8048元，合计24984.8元。如乙方逾期付款超过30天，即视为乙方不履行本合同，届时，甲方有权终止本合同并收回房屋，且乙方支付的款项全部归甲方所有。

后因为甄某逾期30天未支付购房款，张某要求解除合同。但甄某主张合同条款约定无效，双方因此纠纷诉至法院。

➔ 律师指引 根据《民法典》第六百三十四条规定，分期付款的买受人未支付到期价款的数额达到全部价款的五分之一，经催告后在合理期限内仍未支付到期价款的，出卖人可以请求买受人支付全部价款或者解除合同。出卖人解除合同的，可以向买受人请求支付该标的物的使用费。同时，《最高人民法院关于审理买卖合同纠纷案件适用法律问题的解释》（2020修正）第二十七条还规定，《民法典》第六百三十四条第一款规定的“分期付款”，系指买受人将应付的总价款在一定期限内至少分三次向出卖人支付。分期付款买卖合同的约定违反《民法典》第六百三十四条第一款的规定，损害买受人利益，买受人主张该约定无效的，人民法院应予支持。根据上述规定可知，如果约定即使分期付款的买受人未支付的到期价款低于全部价款的五分之一，出卖人也可解除合同的，则该约定违反《民法典》第六百三十四条第一款规定，损害买受人权益，应为无效。

在上述案例中，张某与甄某签订的是分期付款合同，结合《房屋买卖合同》的约定可知，只要甄某逾期付款超过30天，即使未支付的到期价款低于全部价款的五分之一，出卖人张某也享有合同解除权，该约定损害甄某的权益。由于该条款属于无效条款，张某无权根据该条款主张解除房屋买卖合同。

第三节 违约与合同解除

一、违约责任

71 买卖合同纠纷有哪些解决途径?

根据我国相关法律规定，当事人可以通过和解或者调解解决合同争议。当事人不愿和解、调解或者和解、调解不成的，可以根据仲裁协议向仲裁机构申请仲裁。涉外合同的当事人可以根据仲裁协议向中国仲裁机构或者其他仲裁机构申请仲裁。当事人没有订立仲裁协议或者仲裁协议无效的，可以向人民法院起诉。当事人应当履行发生法律效力的判决、仲裁裁决、调解书；拒不履行的，对方可以请求人民法院执行。

可见，买卖合同发生纠纷的解决途径主要有：（1）和解，当事人自行协商解决合同产生的争议；（2）调解，当事人在第三方主持下，协调利益，自愿达成解决方案；（3）仲裁，根据仲裁协议或仲裁约定向仲裁机构申请仲裁；（4）诉讼，如果没有仲裁协议或约定的，可以向法院提起诉讼。

72 买方无正当理由拒绝接受买卖标的物时，卖方如何救济?

根据《民法典》第五百七十条的规定，有下列情形之一，难以履行债务的，债务人可以将标的物提存：（一）债权人无正当理由拒绝受领；（二）债权人下落不明；（三）债权人死亡未确定继承人、遗产管理人，或者丧失民事行为能力未确定监护人；（四）法律规定的其他情形。标的物不适于提存或者提存费用过高的，债务人依法可以拍卖或者变卖标的物，提存所得的价款。例如，甲是批发钢材的卖家，买家乙支付定金后下落不明。钢材长期仓储占地面积较大，甲在无法交付的情况下，可将该批钢材提存，提存产生的提存费用（如仓储费、管理费等）以及折损、灭失等风险将由乙承担。

73 未约定交货期限的，收货前买方提出退货是否构成违约？

根据《民法典》第六百零二条的规定，当事人没有约定标的物的交付期限或者约定不明确的，适用本法第五百一十条、第五百一十一条第四项的规定。第五百一十条规定，合同生效后，当事人就质量、价款或者报酬、履行地点等内容没有约定或者约定不明确的，可以协议补充；不能达成补充协议的，按照合同有关条款或者交易习惯确定。第五百一十一条第四项规定，履行期限不明确的，债务人可以随时履行，债权人也可以随时要求履行，但应当给对方必要的准备时间。也就是说，未明确约定新的交货期限的，买受人可以随时要求出卖人交货，出卖人亦可以随时向买受人交货。如双方未约定买受人有任意解除合同权，买受人因自身原因要求退货并解除合同的，不论收货与否，仍属违约行为。

74 因第三人的原因而导致的违约，违约责任由谁承担？

根据《民法典》第五百九十三条的规定，当事人一方因第三人的原因造成违约的，应当依法向对方承担违约责任。当事人一方和第三人之间的纠纷，依照法律规定或者按照约定处理。

75 如何理解卖方"未能履行包装义务"而导致违约的情形?

根据《民法典》第五百一十条的规定，合同生效后，当事人就质量、价款或者报酬、履行地点等内容没有约定或者约定不明确的，可以协议补充；不能达成补充协议的，按照合同有关条款或者交易习惯确定。同时，根据《民法典》第六百一十九条的规定，出卖人应当按照约定的包装方式交付标的物。对包装方式没有约定或者约定不明确，依据本法第五百一十条的规定仍不能确定的，应当按照通用的方式包装；没有通用方式的，应当采取足以保护标的物且有利于节约资源、保护生态环境的包装方式。

76 买受人保管不善致货物损毁的，是否可免除出卖人的瑕疵担保违约责任?

根据《民法典》第六百一十一条的规定，标的物毁损、灭失的风险由买受人承担的，不影响因出卖人履行义务不符合约定，买受人要求其承担违约责任的权利。

77 二手手机卖家是否应对虚假进网许可证承担违约责任?

根据《民法典》第六百一十五条的规定，出卖人应当按照约定的质量要求交付标的物。出卖人提供有关标的物质量说明的，交付的标的物应当符合该说明的质量要求。第六百一十六条规定，当事人对标的物的质量要求没有约定或者约定不明确，依照本法第五百一十条的规定仍不能确定的，适用本法第五百一十一条第一项的规定。第五百一十一条第一项规定，当事人就有关合同内容约定不明确，依照本法第五百一十一条的规定仍不能确定的，适用下列规定：（一）质量要求不明确的，按照国家标准、行业标准履行；没有国家标准、行业标准的，按照通常标准或者符合合同目的的特定标准履行。可见，即便是二手手机的销售商家也应当提供手机合法的进货渠道。手机进网许可涉及手机质量问题，如果当事人没有签订书面买卖合同，那么关于手机质量问题，应当适用相关法律的规定。

由于手机属于电信终端设备，按照《电信设备进网管理办法》第三条规定，国家对接入公用电信网的电信终端设备、无线电通信设备和涉及网间互联的电信设备实行进网许可制度。实行进网许可制度的电信设备必须获得工业和信息化部颁发的进网许可证；未获得进网许可证的，不得接入公用电信网使用和在国内销售。因此，手机进网许可证经查询为虚假的，应视为未获得进网许可证，不得在国内销售。

此外，根据《民法典》第六百一十条规定，因标的物质量不符合质量要求，致使不能实现合同目的的，买受人可以拒绝接受标的物或者解除合同。买受人拒绝接受标的物或者解除合同的，标的物毁损、灭失的风险由出卖人承担。因此，买受人有权要求二手手机商家承担违约责任。

78 如何理解以“明显不合理的低价”一物二卖的违约情形？

根据《民法典》第五百三十九条规定，债务人以明显不合理的低价转让财产、以明显不合理的高价受让他人财产或者为他人的债务提供担保，影响债权人的债权实现，债务人的相对人知道或者应当知道该情形的，债权人可以请求人民法院撤销债务人的行为。同时，《最高人民法院关于印发 < 全国法院贯彻实施民法典工作会议纪要 > 的通知》第 9 条规定，对于民法典第五百三十九条规定的明显不合理的低价或者高价，人民法院应当以交易当地一般经营者的判断，并参考交易当时交易地的物价部门指导价或者市场交易价，结合其他相关因素综合考虑予以认定。转让价格达不到交易时交易地的指导价或者市场交易价百分之七十的，一般可以视为明显不合理的低价；对转让价格高于当地指导价或者市场交易价百分之三十的，一般可以视为明显不合理的高价。当事人对于其所主张的交易时交易地的指导价或者市场交易价承担举证责任。

79 遭遇卖方迟迟不交付房屋，买方如何救济？

根据《最高人民法院关于审理商品房买卖合同纠纷案件适用法律若干问题的解释（2020 修正）》第十一条的规定，根据民法典第五百六十三条的规定，出卖人迟延交付房屋或者买受人迟延支付购房款，经催告后在三个月的合理期限内仍未履行，解除权人请求解除合同的，应予支持，但当事人另有约定的除外。法律没有规定或者当事人没有约定，经对方当事人催告后，解除权行使的合理期限为三个月。

对方当事人没有催告的，解除权人自知道或者应当知道解除事由之日起一年内行使。逾期不行使的，解除权消灭。

80 卖方收取价款后拖延或不办理房产登记手续，买方应如何追究其违约责任?

根据《最高人民法院关于审理商品房买卖合同纠纷案件适用法律若干问题的解释（2020 修正）》第十四条的规定，由于出卖人的原因，买受人在下列期限届满未能取得不动产权属证书的，除当事人有特殊约定外，出卖人应当承担违约责任:（一）商品房买卖合同约定的办理不动产登记的期限;（二）商品房买卖合同的标的物为尚未建成房屋的，自房屋交付使用之日起 90 日;（三）商品房买卖合同的标的物为已竣工房屋的，自合同订立之日起 90 日。合同没有约定违约金或者损失数额难以确定的，可以按照已付购房款总额，参照中国人民银行规定的金融机构计收逾期贷款利息的标准计算。同时，第十五条还规定，商品房买卖合同约定或者城市房地产开发经营管理条例第三十二条规定的办理不动产登记的期限届满后超过一年，由于出卖人的原因，导致买受人无法办理不动产登记，买受人请求解除合同和赔偿损失的，应予支持。

81 当事人在期限届满前表示不再履行买卖合同义务的，是否应当承担违约责任?

根据《民法典》第五百七十八条的规定，当事人一方明确表示或者以自己的行为表明不履行合同义务的，对方可以在履行期限届满前请求其承担违约责任。

82 在哪些情形下违反买卖合同约定义务可以不承担违约责任?

根据《民法典》第五百九十条的规定，当事人一方因不可抗力不能履行合同的，根据不可抗力的影响，部分或者全部免除责任，但是法律另有规定的除外。当事人迟延履行后发生不可抗力的，不能免除责任。本法所称不可抗力，是指不能预见、不能避免并不能克服的客观情况。一般来说，不可抗力是通用的免责条件，以下情形通常被认为属于不可抗力:（1）自然灾害;（2）战争;（3）社会异常事件，如罢工、骚乱;（4）政府行为，主要指合同订立之后政府颁布的新的法律、法规、政策导致合同不能履行。在不可抗力出现的情形下，不能履行买卖合同或者履行合同义务不符合合同约定的，违约方不承担违约责任。

【案例3-1】卖家增设密码，买家自行解码，哪一方构成违约?

2011年8月2日，A信息软件公司（以下简称“A公司”，卖方）和朱某（买方）签订了一份《IC卡智能水表供货合同》，合同约定A公司向朱某出售某品牌IC卡智能水表。合同签订后，A公司向朱某供货，朱某收到水表后支付给A公司456076元，但仍有未付货款404039元。

2012年7月，朱某完成水表安装工程，A公司在催要水表款无果的情况下，通过技术手段设置了密码，限制水表的正常使用。但朱某一直不支付剩余货款，还自行对A公司的软件解码，继续使用水表。

朱某认为，A 公司在交付使用后擅自增设密码属于违约行为；但 A 公司认为，朱某不按照约定支付货款还自行解码继续使用属于违约。究竟谁的行为违约，双方争执不下。

➔ 律师指引　根据《民法典》第六百条的规定，出卖具有知识产权的标的物，除法律另有规定或者当事人另有约定的以外，该标的物的知识产权不属于买受人。

上述案例中，IC 卡智能水表载有 A 公司的计算机软件知识产权，智能水表出卖给朱某后，该知识产权依然为 A 公司所有，A 公司有管理使用的权利。在朱某未能按照合同约定履行付款义务时，A 公司可以利用自己的技术控制水表的使用，以维护合法债权，不构成违约。另外，即使 A 公司的水表软件服务存在问题，朱某也可通过协商、诉讼等方式处理，但朱某未经 A 公司同意自行解码，侵犯了 A 公司的知识产权，其行为不具有合法性。

【案例 3-2】卖方销售的货车质量不合格，买方未妥善保管，损毁责任由谁承担?

2009 年 4 月 7 日，熊某与朱某签订了《车辆买卖协议》，约定朱某将一辆集装箱箱体长度为 9.6 米的厢式大货车转让给熊某。该协议签订后，熊某支付了购车款 7 万元，尚欠购车款 1 万元，朱某交付了车辆及该车的行驶证和道路运输证。

2012 年 5 月 3 日，熊某将车辆开至车辆管理所办理过户手续，该所出具了一份《退办单》，上面载明：该重型厢式红色货车超宽 10 厘米，超长 30 厘米，车型不对导致车辆不能过户。2012 年 11 月 12 日，司法鉴定中心认定未发现货车货厢被改装或拼装的痕迹，但外廓尺寸、货厢内部尺寸与登记证书及机动车行驶证内容不相符。2014年3月12日，物价局价格认证中心对车辆进行评估，因该车长期停放，保管不善，几乎报废，现值2.5万元。为此，熊某与朱某对合同履行中哪一方存在违约而争执不下，起诉至法院。

律师指引 根据《民法典》第六百零四条的规定，标的物毁损、灭失的风险，在标的物交付之前由出卖人承担，交付之后由买受人承担，但法律另有规定或者当事人另有约定的除外。第六百二十条规定，买受人收到标的物时应当在约定的检验期限内检验。没有约定检验期限的，应当及时检验。同时，第六百一十一条规定，标的物毁损、灭失的风险由买受人承担的，不影响因出卖人履行义务不符合约定，买受人要求其承担违约责任的权利。

上述案例中，一方面，朱某交付货车的外廓尺寸、货厢内部尺寸与登记证书及机动车行驶证内容不相符，熊某接收车辆时未尽到审查和注意义务；且车辆交付后一直由熊某保管，因保管不善致使车辆几乎报废，标的物毁损的风险应由买受方承担。另一方面，朱某没有明示车辆的车厢特征与登记证书及机动车行驶证不相符，交付的标的物质量不符合法律的规定，违反了合同义务，对此熊某有权利要求其承担违约责任。为此，熊某和朱某应依据双方的违约情况及过错程度各自承担相应责任。

【案例3-3】未约定提车地点而逾期提车，买受人是否需要支付额外费用？

2015年11月13日，T公司（买方）、C公司（卖方）在C公司营业部签订《车辆买卖协议》，约定T公司向C公司购买汽车一辆，车价为22.8万元，T公司付款后C公司要在十天内交付汽车给T公司。当日，T公司通过银行转账向C公司支付了购车款22.8万元。

2015年11月21日，C公司通知T公司在七日内提车，但T公司迟迟未将车提走，为此C公司要求T公司支付车辆保管费。但T公司表示，双方签订的合同并未约定具体提车地点，因而导致逾期，拒绝支付上述费用。

➲ 律师指引　根据《民法典》第六百零三条的规定，出卖人应当按照约定的地点交付标的物。当事人没有约定交付地点或者约定不明确，依据本法第五百一十条的规定仍不能确定的，适用下列规定：（一）标的物需要运输的，出卖人应当将标的物交付给第一承运人以运交给买受人；（二）标的物不需要运输，出卖人和买受人订立合同时知道标的物在某一地点的，出卖人应当在该地点交付标的物；不知道标的物在某一地点的，应当在出卖人订立合同时的营业地交付标的物。同时，第八百三十条的规定，货物运输到达后，承运人知道收货人的，应当及时通知收货人，收货人应当及时提货。收货人逾期提货的，应当向承运人支付保管费等费用。

在上述案例中，车辆的交付不需要运输。按照上述法律规定，双方订立合同时知道车辆在某一地点的，出卖人应当在该地点交付车辆；不知道车辆在某一地点的，应当在出卖人订立合同时的营业地交付标的物。尽管双方没有约定交付车辆的地点，但在C公司营业部签订了合同，因此C公司营业部为交货地点。C公司履行了通知T公司提车的义务，但T公司没有按照约定时间将车提走，导致C公司承担保管车辆的责任，T公司应支付保管费。

【案例 3–4】卖方在交易时未告知车辆存在抵押，后车辆被拍卖，买方能否要求全额赔偿？

2014 年 10 月 31 日，王某将自己的一辆小型汽车抵押给 T 银行，并办理了抵押登记。2015 年 7 月 9 日，根据银行申请，法院对该车予以查封。

2015 年 10 月 1 日，徐某与王某达成车辆买卖口头协议，王某将汽车出卖给徐某。徐某于当日向王某支付车款 19 万元，王某向徐某交付了汽车及该车行驶证。此后徐某实际占有使用该车并办理了车辆保险，但一直未核实有关车辆抵押及查封的具体信息。

2016 年 4 月 16 日，第三人从徐某手中将汽车强行开走，并将该车交付给法院予以扣押。2016 年 8 月 19 日，法院通过司法拍卖平台以 24.9 万元的价格将该车拍卖，并将拍卖款全部支付给 T 银行。为此，徐某诉至法院要求王某赔偿自己的全部损失。

➜ 律师指引　根据《最高人民法院关于审理买卖合同纠纷案件适用法律问题的解释》(2020 修正)第二十二条规定，买卖合同当事人一方违约造成对方损失，对方主张赔偿可得利益损失的，人民法院在确定违约责任范围时，应当根据当事人的主张，依据《民法典》第五百八十四条、第五百九十一条、第五百九十二条、本解释第二十三条等规定进行认定。

同时，《民法典》第五百八十四条规定，当事人一方不履行合同义务或者履行合同义务不符合约定，造成对方损失的，损失赔偿额应当相当于因违约所造成的损失，包括合同履行后可以获得的利益；但是，不得超过违约一方订立合同时预见到或者应当预见到的因违约可能造成的损失。第五百九十二条规定，当事人都违反合同的，应当各自承担相应的责任。当事人一方违约造成对方损失，对方对损失的发生有过错的，可以减少相应的损失赔偿额。

在上述案例中，尽管徐某与王某达成车辆买卖口头协议并将车辆交付，但由于王某并未取得车辆所有权或者处分权，导致徐某最终未能取得该车辆的所有权，徐某有权要求王某赔偿损失。但由于徐某未能向王某核实有关车辆抵押及查封的具体信息，疏于对自身利益风险的防范，对王某违约造成的损失具有过错，应当减轻王某的赔偿责任。

【案例3–5】卖方违约的，买方返还标的物时是否需要支付使用费?

刘某系二手车车商，刘某（买方）、付某（卖方）于2017年4月24日签订《机动车交易合同书》，约定付某将小轿车一辆以14.7万元的价格出卖给刘某。该车分别于2013年8月23日、2013年11月12日、2015年10月19日进行过三次维修。合同约定，付某保证上述车辆的手续真实有效，发动机号码、车架号码与档案相符，无修改、无事故、无隐瞒事项，如有违约，退还刘某全部购车款及总车款的15%作为违约金。合同签订当日，刘某支付车款14.7万元给付某，付某将车辆交付刘某使用。

2018年1月17日，刘某在检车时发现车架号间距与档案不相符，车辆不能正常过户。2018年2月7日，刘某向付某提出解除合同，要求返还购车款。付某同意解除合同，但要求刘某给付占有使用期限对车辆的使用费。

律师指引 根据《最高人民法院关于审理买卖合同纠纷案件适用法律问题的解释》（2020修正）第二十三条规定，买卖合同当事人一方因对方违约而获有利益，违约方主张从损失赔偿额中扣除该部分利益的，人民法院应予支持。

在上述案例中，机动车交易合同虽因出卖人付某的违约而解除，但由于买受人刘某在占有车辆期限对车辆进行了使用，因此在合同解除后，刘某应向付某支付使用期限的费用。

【案例3–6】交房时不见销售广告中的“百万豪装”，开发商是否构成违约？

2011年10月19日，Z房地产开发公司（以下简称“Z公司”）发布广告，载明“240平方米奢装大宅赠百万豪装”。郭某（买受人）与Z公司（出卖人）于2012年9月4日签订《房屋买卖合同》，约定商品房价格为2580795元；出卖人交付使用的商品房的装饰、设备应符合双方约定的标准，达不到约定标准的，买受人有权要求出卖人支付装修、设备差价。同时签订的《补充协议》约定，买受人确认在签订《房屋买卖合同》及相关附件前已熟知本物业的全部情况，《房屋买卖合同》以外的任何表述或展示（包括但不限于工作人员的口头描述、广告、宣传材料、样板间、沙盘）均不构成任何要约。《房屋买卖合同》附件约定，卖房的售楼书、广告、宣传资料、户型图和模型中的内容和数据仅供参考，不构成买卖合同的组成部分。

后Z公司未赠送广告语中的“百万豪装”，郭某诉至法院，要求Z公司赔偿装修差价款。

➲ 律师指引 根据《最高人民法院关于审理商品房买卖合同纠纷案件适用法律若干问题的解释》(2020修正)第三条规定，商品房的销售广告和宣传资料为要约邀请，但是出卖人就商品房开发规划范围内的房屋及相关设施所作的说明和允诺具体确定，并对商品房买卖合同的订立以及房屋价格的确定有重大影响的，构成要约。该说明和允诺即使未载入商品房买卖合同，亦应当视为合同内容，当事人违反的，应当承担违约责任。可见，广告宣传原则上是一种要约邀请，一般情况下不能将未定入合同中的广告宣传内容作为合同内容。若认定广告宣传中的相关内容为要约，对房地产开发商有法律约束力，则需满足以下条件：一是广告宣传中的说明、允诺的内容应当具有确定性、具体性，其内容是可以被特定化并可以被明确地预期的；二是广告宣传中的说明、允诺还应当对合同的订立及房屋的价格有重大影响。该说明、允诺应当对合同的订立有重大影响是指，买受人看重的是所售房屋及其附属设施等满足其特定的心理需求或购房目的，正是基于这一点买受人才决定订立合同；该说明、允诺对房屋的价格有重大影响是指，该说明、允诺中所承诺的内容往往成为最终构成房价的重要组成部分。也就是说，出卖人对其开发项目规划设计范围内的商品房及相关设施所作详尽具体的说明和允诺，如足以让买受人产生信赖而签订合同并使销售广告内容特定化，且对房屋价格的确定有重大影响的，广告宣传内容即为要约，买卖合同的订立则为买受人对要约的承诺。

在上述案例中，从“赠百万豪装”中“百万”的词义来看，“百万”为虚指，“豪装”意为豪华装修，形容装修程度，无统一、明确、具体的标准，“赠百万豪装”中“百万豪装”的装修程度无法被特定化，亦不能被明确地预期。在房屋价格为258万余元的情形下，若Z公司仍需赠送价值100万元的装修，则该装修款项数额已超过购房款总额的

38%，明显违背日常经验生活法则。可见，Z公司销售广告宣传中的“赠百万豪装”对该房屋的价格不构成重大影响。综上，Z公司销售广告宣传中的“赠百万豪装”仅为要约邀请，而非要约，不视为双方所签订的《房屋买卖合同》内容，Z公司不构成违约。

【案例 3-7】房屋存在质量问题，买受人可否自行修复后要求开发商承担费用？

2014 年 5 月 25 日，王某作为乙方（买方），B 房地产开发公司（以下简称“B 公司”）作为甲方（卖方），签订了《商品房买卖合同》。合同约定：乙方向甲方购买房屋，总房价 879753 元；在保修期内，甲方既不履行保修义务又不书面通知保修责任异议的，乙方可自行或聘请他人进行维修，合理的维修费用由甲方承担；在任何阶段，不管任何原因导致甲方承担保修、修补责任，且甲方在履行保修、修补责任过程中需要乙方配合、协助的，乙方应进行配合、协助。合同签订后，王某支付了全部购房款。

后 B 公司通知王某办理收楼手续，但王某实地验房时，发现房屋存在墙砖和地砖空鼓、墙上和吊顶有裂纹、厨房排水管接口漏水等质量问题。B 公司数次维修整改，王某都不满意。于是，王某另找装修公司维修整改，要求 B 公司支付其维修的费用；B 公司表示可以继续维修整改，但拒绝支付王某另行找第三方维修的费用。为此，双方僵持不下。

➲ 律师指引　根据《最高人民法院关于审理商品房买卖合同纠纷案件适用法律若干问题的解释》（2020 修正）第十条第二款的规定，

交付使用的房屋存在质量问题，在保修期内，出卖人应当承担修复责任；出卖人拒绝修复或者在合理期限内拖延修复的，买受人可以自行或者委托他人修复。修复费用及修复期限造成的其他损失由出卖人承担。也就是说，当交付使用的房屋存在质量问题时，购房者应当先按保修程序由开发商进行修复，如果开发商拒绝修复或者在合理期限内拖延修复的，购房者才可以自行或者委托他人修复，并要求开发商承担相应的费用。

上述案例中，合同约定了在保修期内由B公司负责保修，王某予以配合、协助。B公司实际已就王某提出的问题着手进行修复，虽然未能按王某的要求完全维修好，但表示同意按保修条款继续进行维修。故根据双方合同约定和相关法律规定，应由B公司先按保修程序对房屋履行保修义务，如果B公司拒绝修复或者在合理期限内拖延修复的，王某才可以自行或者委托他人修复，并要求B公司承担相应的费用。

【案例3-8】如何判断"一房二卖"是否存在恶意串通行为?

2005年、2006年，H公司向高某借款250万元。2007年9月高某诉至法院，请求法院判令H公司偿还借款250万元及利息100万元。高某同时向法院提出诉讼保全申请，请求查封H公司16幢1至3层价值350万元的房产，并提供了相应的财产担保。

2007年9月20日，法院作出民事裁定，查封了H公司16幢1至3层房产，但案外人刘某、徐某以H公司已将16幢1至3层房屋卖给其为由向法院提出保全异议。法院以刘某、徐某未办理相关商品房产权变动登记手续，房屋的产权并未发生转移，所有权仍归H公司为由，驳回了刘某、徐某的保全异议。刘某、徐某对此未提出复议申请。

后高某与H公司达成以房抵债的调解协议，由法院出具调解书予以确认。由于H公司未履行协议约定的义务，高某申请强制执行，法院将16幢1至3层房屋产权过户至高某名下。为此，案外人刘某、徐某以高某与H公司恶意串通“一房二卖”，损害其合法权益为由申请再审。

➲ 律师指引　根据《最高人民法院关于审理商品房买卖合同纠纷案件适用法律若干问题的解释》(2020修正)第七条规定，买受人以出卖人与第三人恶意串通，另行订立商品房买卖合同并将房屋交付使用，导致其无法取得房屋为由，请求确认出卖人与第三人订立的商品房买卖合同无效的，应予支持。也就是说，对于“一房二卖”的情形，只有确认出卖人与第三人存在恶意串通，才能认定出卖人与第三人订立的商品房买卖合同无效。而恶意串通是指合同双方当事人以恶意通谋实施某种行为，该行为损害国家、集体或第三人的利益并使合同双方当事人从中受益。

上述案例中，高某取得争议房屋的所有权是基于债务人H公司以房抵债的行为。而刘某、徐某主张高某取得争议房屋的所有权是与H公司恶意串通的结果，应当负有证明恶意串通事实存在的举证责任，否则应承担举证不能的法律后果。

首先，法院依据诉讼保全申请查封了H公司价值350万元的房产，此时该房产所有权登记人是H公司。刘某、徐某作为房屋的买受人向法院提出保全异议，法院以其未办理相关商品房产权变动登记手续，房屋的产权并未发生转移为由驳回，两人对此未提出复议申请。也就是说，高某与H公司的调解协议是在法院认定房屋所有权归属于H公司的基础上而达成的，高某同意以房抵债是基于对法院的信赖，不属于恶意串通。其次，刘某、徐某购买争议房屋的合同没有在房产管理部门进行产权变动登记或预告登记。高某根据市场价格抵顶房屋，支付了合理对价，故高某取得房屋所有权的行为是合法的。

二、合同解除

83 在哪些情形下，买卖合同的权利义务宣告终止？

根据《民法典》第五百五十七条的规定，有下列情形之一的，债权债务终止：（一）债务已经履行；（二）债务相互抵销；（三）债务人依法将标的物提存；（四）债权人免除债务；（五）债权债务同归于一人；（六）法律规定或者当事人约定终止的其他情形。合同解除的，该合同的权利义务关系终止。

84 一方延迟履行买卖合同约定的义务，另一方能否解除合同？

根据《民法典》第五百六十三条的规定，有下列情形之一的，当事人可以解除合同：（一）因不可抗力致使不能实现合同目的；（二）在履行期限届满前，当事人一方明确表示或者以自己的行为表明不履行主要债务；（三）当事人一方迟延履行主要债务，经催告后在合理期限内仍未履行；（四）当事人一方迟延履行债务或者有其他违约行为致使不能实现合同目的；（五）法律规定的其他情形。以持续履行的债务为内容的不定期合同，当事人可以随时解除合同，但是应当在合理期限之前通知对方。也就是说，一方延迟履行买卖合同约定义务，另一方不必然可以解除合同，合同解除有相应的情形要求。同时需要提醒的是，虽然法律规定了合同解除的条件，但并不等于说具备这些条件或出现这些情形的合同就一定要解除，是否行使解除权由合同当事人决定。

85 买卖合同解除后，有哪些法律后果？

根据《民法典》第五百六十六条的规定，合同解除后，尚未履行的，终止履行；已经履行的，根据履行情况和合同性质，当事人可以请求恢复原状或者采取其他补救措施，并有权请求赔偿损失。合同因违约解除的，解除权人可以请求违约方承担违约责任，但是当事人另有约定的除外。主合同解除后，担保人对债务人应当承担的民事责任仍应当承担担保责任，但是担保合同另有约定的除外。

86 在分批交付标的物的买卖中，买受人如何行使合同解除权？

根据《民法典》第六百三十三条的规定，出卖人分批交付标的物的，出卖人对其中一批标的物不交付或者交付不符合约定，致使该批标的物不能实现合同目的的，买受人可以就该批标的物解除。出卖人不交付其中一批标的物或者交付不符合约定，致使之后其他各批标的物的交付不能实现合同目的的，买受人可以就该批以及今后其他各批标的物解除。买受人如果就其中一批标的物解除，该批标的物与其他各批标的物相互依存的，可以就已经交付和未交付的各批标的物解除。

87 在分期付款的买卖中，出卖人如何行使合同解除权？

根据《民法典》第六百三十四条的规定，期付款的买受人未支付到期价款的数额达到全部价款的五分之一，经催告后在合理期限内仍未支付到期价款的，出卖人可以请求买受人支付全部价款或者解除合同。出卖人解除合同的，可以向买受人请求支付该标的物的使用费。

88 标的物有多种，其中一物不符约定是否会导致买卖合同被全部解除？

根据《民法典》第六百三十二条的规定，标的物为数物，其中一物不符合约定的，买受人可以就该物解除，但是该物与他物分离使标的物的价值显受损害的，当事人可以就数物解除合同。

89 从物不符合买卖约定导致的合同解除，效力是否及于主物？

根据《民法典》第六百三十一条的规定，因标的物的主物不符合约定而解除合同的，解除合同的效力及于从物。因标的物的从物不符合约定被解除的，解除的效力不及于主物。

90 合同解除权的行使是否有时限、程序要求？

根据《民法典》第五百六十四条的规定，法律规定或者当事人约定解除权行使期限，期限届满当事人不行使的，该权利消灭。法律没有规定或者当事人没有约定解除权行使期限，自解除权人知道或者应当知道解除事由之日起一年内不行使，或者经对方催告后在合理期限内不行使的，该权利消灭。第五百六十五条规定，当事人一方依法主张解除合同的，应当通知对方。合同自通知到达对方时解除；通知载明债务人在一定期限内不履行债务则合同自动解除，债务人在该期限内未履行债务的，合同自通知载明的期限届满时解除。对方对解除合同有异议的，任何一方当事人均可以请求人民法院或者仲裁机构确认解除行为的效力。当事人一方未通知对方，直接以提起诉讼或者申请仲裁的方式依法主张解除合同，人民法院或者仲裁机构确认该主张的，合同自起诉状副本或者仲裁申请书副本送达对方时解除。

【案例 3–9】货物符合国家标准但达不到合同约定标准，买受人能否解除合同？

H 公司（买方）与 Y 厂（卖方）于 2013 年 9 月 28 日签订《工业品买卖合同》，双方约定：H 公司向 Y 厂采购椰壳活性炭；如验收不合格，买受人有权拒收货物，并要求出卖人按约定更换货物；出卖人无论以明示或默示方式不采取相应行动，买受人有权单方解除合同并要求出卖人赔偿买受人的一切损失；验收合格不影响买受人在使用过程中发现有质量问题并要求索赔。

后 H 公司发现产品存在质量问题，传真要求 Y 厂对质量问题予以处理。Y 厂对 H 公司的函件进行了书面回复，明确如果检测碘吸附值不符合合同要求（注：合同约定标准为碘吸附值≥ 1000），将承担检测的费用，并无条件退货、退款。

双方最终协商一致，共同将货物椰壳活性炭送至研究所进行检测。2014 年 5 月 28 日，研究所出具检验报告一份，检测结果为椰壳活性炭的碘吸附值最大值920、最小值909、平均值915，符合国家标准。根据上述检测报告，H公司以双方约定椰壳活性炭的碘吸附值≥1000为由，要求解除合同，由Y厂退货并返还货款。但Y厂则认为，椰壳活性炭质量符合国家标准，合同目的可以实现，不应解除。

➲ 律师指引 根据《民法典》第六百一十七条的规定，出卖人交付的标的物不符合质量要求的，买受人可以依据本法第五百八十二条至第五百八十四条的规定请求承担违约责任。同时，第五百八十二条规定，履行不符合约定的，应当按照当事人的约定承担违约责任。对违约责任没有约定或者约定不明确，依据本法第五百一十条的规定仍不能确定的，受损害方根据标的的性质以及损失的大小，可以合理选择请求对方承担修理、重作、更换、退货、减少价款或者报酬等违约责任。

在上述案例中，双方经协商共同将椰壳活性炭送至研究所进行检测，该所出具检测报告载明椰壳活性炭碘吸附值为915，低于合同约定的标准1000。可见，Y厂提供的椰壳活性炭虽符合国家质量标准，但不符合双方当事人签订的《工业品买卖合同》中约定的质量标准，Y厂应当承担违约责任。同时，双方当事人在买卖合同和Y厂书面回复中均就检测椰壳活性炭碘吸附值不符合合同要求时，H公司可解除合同达成了一致意见。H公司行使的是合同约定解除权，而不是合同法定解除权，因此Y厂提出椰壳活性炭质量符合国家标准，合同目的可以实现，合同不应解除的理由不成立。

【案例3-10】货物未达到第三方质量标准要求，买方可否解除合同？

2017年12月19日，H家具公司（以下简称“H公司”，甲方）、P贸易公司（以下简称“P公司”，乙方）订立《家具采购合同》。合同约定：乙方按照合同附件一“产品清单”记载的家具型号、规格、单价和用料要求向甲方供应家具，乙方所供产品必须达到行业领先水平或相关行业国家标准；乙方向甲方供货之前必须先自行查验产品是否符合以上质量标准之约定，乙方必须对其向甲方供应的产品质量承担一切责任；乙方必须按照甲方所提供的图片、样式、材质、规格进行生产；乙方生产完毕后，立即通知甲方代表清点货物的数量、包装、品种、型号、规格、质量等情况，若不符合协议约定，甲方有权拒收全部或部分货物；本合同所有产品在任何时间、地点经专业检测机构检测，不符合国家强制件标准、行业标准或合同约定质量标准的，乙方应无条件更换、退货。2017年12月21日，H公司将预付款转入P公司指定账户。

2018年1月，P公司将81件家具交给H公司指定的收货人B运输公司，由B运输公司将家具直接运输至国外，H公司向P公司支付了剩余家具价款。后H公司以上述家具未能达到国外买家质量标准要求、实际使用人拒收为由提起诉讼，要求解除合同并由P公司返还货款并承担违约责任。

律师指引 根据《民法典》第六百一十条的规定，因标的物质量不符合质量要求，致使不能实现合同目的的，买受人可以拒绝接受标的物或者解除合同。买受人拒绝接受标的物或者解除合同的，标的物毁损、灭失的风险由出卖人承担。同时,《民法典》第六百二十四条的规定，出卖人依照买受人的指示向第三人交付标的物，出卖人和买受人约定的检验标准与买受人和第三人约定的检验标准不一致的，以出卖人和买受人约定的检验标准为准。

在上述案例中，H公司应当证明P公司交付的家具不符合质量要求，导致合同目的无法实现。家具检验标准应为《家具采购合同》约定的家具质量标准,《家具采购合同》约定的家具质量标准为“行业领先水平或相关行业国家标准”。H公司应当证明的是P公司所交付家具不符合上述合同约定的质量要求，而第三方实际使用人对家具质量的评价、拒收货物等情形不能作为家具存在质量问题的判断依据，也不能证明合同目的无法实现。故H公司解除合同、返还价款的诉讼请求缺乏事实依据。

【案例3-11】卖方隐瞒曾与第三方签订买卖合同的事实，买方是否享有撤销权?

2012年7月29日，J钢铁有限责任公司（以下简称“J公司”，卖方）与张某（买方）签订《买卖协议书》，约定J公司将一条550轧钢生产线以2208万元的价格整体出售给张某，张某需在协议签订时支付定金220万元。

合同签订当日，张某向J公司支付了定金100万元，后未再付款。在此期限，J公司负责人刘某给张某发信息:“因你方没有履行2012年7月29日旧轧钢设备买卖协议有关定金交纳条款，J公司已终止履行本协议，将继续出售该设备，特此通知”“因你多次违约，买卖协议不能继续，我方已终止协议”。双方就合同履行发生纠纷，张某提起诉讼。

后法院查明，J公司曾于2012年5月12日作为卖方与作为买方的F建材有限公司（以下简称“F公司”）就该轧钢生产线签订过《买卖协议书》，约定交易价格为2350万元。但F公司在支付100万元定金后未再付款，合同最终未履行。J公司提出，生产线尚未卖出，仍愿意与张某继续履约。但张某表示对J公司的履约诚意心存疑虑，不同意继续履行，要求撤销合同。

律师指引 根据《民法典》第一百四十七条的规定，基于重大误解实施的民事法律行为，行为人有权请求人民法院或者仲裁机构予以撤销。第一百四十八条规定，一方以欺诈手段，使对方在违背真实意思的情况下实施的民事法律行为，受欺诈方有权请求人民法院或者仲裁机构予以撤销。第一百五十条规定，一方或者第三人以胁迫手段，使对方在违背真实意思的情况下实施的民事法律行为，受胁迫方有权请求人民法院或者仲裁机构予以撤销。第一百五十一条规定，一方利用对方处于危困状态、缺乏判断能力等情形，致使民事法律行为成立时显失公平的，受损害方有权请求人民法院或者仲裁机构予以撤销。

《最高人民法院关于审理买卖合同纠纷案件适用法律问题的解释》（2020修正）第六条的规定，出卖人就同一普通动产订立多重买卖合同，在买卖合同均有效的情况下，买受人均要求实际履行合同的，应当按照以下情形分别处理：（一）先行受领交付的买受人请求确认所有权已经转移的，人民法院应予支持；（二）均未受领交付，先行支付价款的买受人请求出卖人履行交付标的物等合同义务的，人民法院应予支持；（三）均未受领交付，也未支付价款，依法成立在先合同的买受人请求出卖人履行交付标的物等合同义务的，人民法院应予支持。

上述案例中，张某与J公司所签订的《买卖协议书》，双方意思表示真实，并不违反法律禁止性规定，是依法成立的有效合同。在签订《买卖协议书》过程中，并不存在重大误解、显失公平、欺诈或胁迫的情况，因此张某请求撤销合同缺乏法律依据。

尽管J公司曾与F公司签订过《买卖协议书》，但后来并无其他第三方就合同标的物主张过权利，标的物仍归J公司所有，J公司具备随时交付标的物的客观条件。虽然J公司与F公司之间的《买卖协议书》成立在先，但只需J公司将合同标的物实际交付给张某，张某即可依法取得所有权，因此张某关于因J公司就合同标的物已与他方订有买卖协议而致协议不能履行的主张不成立。

【案例3-12】卖方未告知房屋抵押事实，买方能否以此为由解除预约合同？

2017年7月20日，D房地产开发公司（以下简称“D公司”）与某金融机构A银行签订《抵押合同》，将1803套房屋抵押贷款，并办理了不动产抵押权登记。

2018年4月16日，吴某、D公司签订《认购协议书》，约定吴某自D公司处购买房屋，总房款1665369元；定金为2万元，签署协议书时交付；认购人应于《认购协议书》签订之日起7日内完成《商品房买卖合同》的签署。前述协议书中，未标明房产已由D公司设定抵押权的事实。签订协议书时，D公司销售人员亦未明确告知吴某前述事实。签订《认购协议书》同日，吴某向D公司交付定金2万元，D公司为吴某开具了增值税普通发票。

后吴某通过网络查询，发现其欲购买的房屋已由D公司抵押给A银行，遂拒绝签订《商品房买卖合同》并提出解除《认购协议书》，要求D公司返还定金。双方协商未果，吴某诉至法院。

律师指引　根据《民法典》第四百九十五条的规定，当事人约定在将来一定期限内订立合同的认购书、订购书、预订书等，构成预约合同。当事人一方不履行预约合同约定的订立合同义务的，对方可以请求其承担预约合同的违约责任。第一百四十七条规定，基于重大误解实施的民事法律行为，行为人有权请求人民法院或者仲裁机构予以撤销。第一百四十八条规定，一方以欺诈手段，使对方在违背真实意思的情况下实施的民事法律行为，受欺诈方有权请求人民法院或者仲裁机构予以撤销。第一百五十七条规定，民事法律行为无效、被撤销或者确定不发生效力后，行为人因该行为取得的财产，应当予以返还；不能返还或者没有必要返还的，应当折价补偿。有过错的一方应当赔偿对方由此所受到的损失；各方都有过错的，应当各自承担相应的责任。法律另有规定的，依照其规定。第五百条规定，当事人在订立合同过程中有下列情形之一，造成对方损失的，应当承担赔偿责任：(一）假借订立合同，恶意进行磋商；(二）故意隐瞒与订立合同有关的重要事实或者提供虚假情况；(三）有其他违背诚信原则的行为。

在上述案例中，《认购协议书》不属于商品房买卖合同，而是预约合同，当D公司不履行预约合同所约定的订立合同义务时，吴某可以请求其承担预约合同的违约责任。而当D公司按照预约合同约定要求吴某签订购房合同时，如吴某能够证明D公司确实存在欺诈行为，或者D公司故意隐瞒与订立合同有关的重要事实或提供虚假情况造成重大误解，可以请求法院或者仲裁机构撤销。

【案例3–13】未约定合同解除权行使期限的，解除权何时有效？

2014年3月21日，丁某与S房地产开发公司（以下简称“S公司”）签订《商品房买卖合同》，向S公司购买商品房。合同约定，S公司应当在2014年12月31日前向丁某交付商品房，交房时该商品房应当取得规划验收批准文件和建筑工程竣工验收备案表、面积实测技术报告书，满足市政基础设施达到的条件；若S公司未按约定的期限和条件将商品房交付买受人，逾期超过15日后，买受人有权退房；买受人退房的，出卖人应当退还购房款并向买受人支付违约金。

合同签订后，丁某向S公司支付了全部购房款，但S公司未如期向丁某交房。直到2015年5月15日，该项目才取得竣工验收备案，符合合同约定的交房条件。2016年12月26日，丁某诉至法院，要求解除合同，退还房款。

➲ 律师指引 《最高人民法院关于审理商品房买卖合同纠纷案件适用法律若干问题的解释》（2020修正）第十一条规定：“根据民法典第五百六十三条的规定，出卖人迟延交付房屋或者买受人迟延支付购房款，经催告后在三个月的合理期限内仍未履行，当事人一方请求解除合同的，应予支持，但当事人另有约定的除外。法律没有规定或者当事人没有约定，经对方当事人催告后，解除权行使的合理期限为三个月。对方当事人没有催告的，解除权应当在解除权发生之日起一年内行使；逾期不行使的，解除权消灭。”

上述案例中，丁某、S公司在《商品房买卖合同》中约定丁某在S公司逾期交房15日后享有合同解除权，但双方未约定解除权的行使期限。按照上述法律规定，若丁某催告S公司交房，其解除权期限为三个月；若丁某未催告S公司交房，其解除权的行使期限为一年。由于丁某未能证明其向S公司催告的事实，因此，从S公司逾期交房超过15日起（即2015年1月16日）至2016年1月15日期限，丁某可依法行使其合同解除权。但丁某在2016年12月26日才提起诉讼，已经超过其行使合同解除权的期限。

【案例3–14】商品房买卖合同被解除，按揭贷款合同是否同时解除?

2013年8月5日，唐某与M房地产开发公司（以下简称“M公司”）签订《商品房买卖合同》，由唐某购买M公司开发的房屋，总价为630513元。合同约定：唐某于2013年8月5日支付首付款190513元，余款44万元进行银行按揭；出卖人应于2013年12月31日前将房屋交付唐某使用；逾期交房超过六十日，买受人有权解除合同，出卖人应当退还已付房款并支付违约金；出卖人应当于房屋交付使用后360日内，将办理权属登记的资料报产权机关登记备案；如因出卖人的责任，买受人不能在规定期限内取得房地产权属证书的，买受人可以退房，出卖人应当退还买受人已付房款并赔偿损失。

合同签订后，唐某交纳了定金及首付款。2013年8月27日，唐某作为借款人、M公司作为担保人与Z银行签订《个人住房借款合同》，贷款44万元汇入M公司账户。后因M公司未按约履行交房义务，亦未办理房屋权属登记，唐某诉至法院要求与M公司解除合同，并要求M公司返还已支付的购房款项（含已偿还的银行贷款）。法院查明，唐某还贷至2017年12月27日，贷款已偿还本金及利息合计161386.95元，尚欠本金及利息合计379661.95元。

➲ 律师指引　根据《最高人民法院关于审理商品房买卖合同纠纷案件适用法律若干问题的解释》(2020修正）第二十条的规定，因商品房买卖合同被确认无效或者被撤销、解除，致使商品房担保贷款合同的目的无法实现，当事人请求解除商品房担保贷款合同的，应予支持。同时，第二十五条还规定，以担保贷款为付款方式的商品房买卖合同的当事人一方请求确认商品房买卖合同无效或者撤销、解除合同的，如果担保权人作为有独立请求权第三人提出诉讼请求，应当与商品房担保贷款合同纠纷合并审理；未提出诉讼请求的，仅处理商品房买卖合同纠纷。担保权人就商品房担保贷款合同纠纷另行起诉的，可以与商品房买卖合同纠纷合并审理。

在上述案例中，由于M公司未按约履行交房义务，亦未办理房屋权属登记，买受人唐某有权依照合同的约定要求解除合同。商品房买卖合同被确认无效或者被撤销、解除后，商品房担保贷款合同也被解除的，出卖人应当将收受的购房贷款和购房款的本金及利息分别返还担保权人和买受人。唐某与M公司签订的商品房买卖合同解除后，担保贷款合同亦应当予以解除。唐某还贷至2017年12月27日，已向银行偿还贷款本息161386.95元，因此，M公司应将已经偿还银行的本息161386.95元返还给唐某，并向银行偿还剩余贷款，本息合计379661.95元。

三、其他问题

91 定金与订金有何区别?

定金是指合同的当事人为了保证合同顺利履行，由一方当事人预先向对方给付一定数量的款项，具有担保性质。而订金仅作为一种预付款的性质，在日常生活中可视为预付款的一部分，作为当事人的一种支付方式，不具有担保性质。按照《民法典》的规定，收取定金一方如果违约，需要双倍返还定金；而《民法典》未对订金作出强制性规定，收取订金一方如果违约，只需将订金原数返还。

92 如何适用定金罚则？

根据《民法典》第五百八十六条的规定，当事人可以约定一方向对方给付定金作为债权的担保。定金合同自实际交付定金时成立。定金的数额由当事人约定；但是，不得超过主合同标的额的百分之二十，超过部分不产生定金的效力。实际交付的定金数额多于或者少于约定数额的，视为变更约定的定金数额。

93 同时约定了定金和违约金，应当如何适用？

根据《民法典》第五百八十八条的规定，当事人既约定违约金，又约定定金的，一方违约时，对方可以选择适用违约金或者定金条款。定金不足以弥补一方违约造成的损失的，对方可以请求赔偿超过定金数额的损失。

94 买卖合同约定的违约金数额可否变更？

根据《民法典》第五百八十五条的规定，当事人可以约定一方违约时应当根据违约情况向对方支付一定数额的违约金，也可以约定因违约产生的损失赔偿额的计算方法。约定的违约金低于造成的损失的，人民法院或者仲裁机构可以根据当事人的请求予以增加；约定的违约金过分高于造成的损失的，人民法院或者仲裁机构可以根据当事人的请求予以适当减少。当事人就迟延履行约定违约金的，违约方支付违约金后，还应当履行债务。

95 违约一方所给付的金额不足以清偿全部债务时，按何种顺序抵充？

根据《民法典》第五百六十一条的规定，债务人在履行主债务外还应当支付利息和实现债权的有关费用，当其给付不足以清偿全部债务时，并且当事人没有约定的，人民法院应当按照下列顺序抵充：（一）实现债权的有关费用；（二）利息；（三）主债务。

96 违约方支付违约金后，是否需要继续履行买卖合同约定的义务？

尽管《民法典》规定了违约金条款，但不妨碍合同义务的履行。在我国法律和司法实践中，也不允许以支付违约金替代实际履行，特别是当支付了延迟履行违约金后，违约方应当继续履行该合同。因此，只要合同当事人没有特别的约定，支付违约金的行为就不能替代对合同的履行，当事人不能以已经支付违约金为由免除履行合同义务。

97 由于出卖人的原因，买受人未能如期取得房屋权属证书，违约时间及损失如何计算？

根据《最高人民法院关于审理商品房买卖合同纠纷案件适用法

律若干问题的解释》(2020 修正)第十四条的规定，由于出卖人的原因，买受人在下列期限届满未能取得不动产权属证书的，除当事人有特殊约定外，出卖人应当承担违约责任:(一)不动产登记的期限;(二)商品房买卖合同的标的物为尚未建成房屋的，自房屋交付使用之日起 90 日;(三)商品房买卖合同的标的物为已竣工房屋的，自合同订立之日起 90 日。合同没有约定违约金或者损失数额难以确定的，可以按照已付购房款总额，参照中国人民银行规定的金融机构计收逾期贷款利息的标准计算。

98 商品房买卖合同未约定违约金数额或损失赔偿额计算方法时，如何处理?

根据《最高人民法院关于审理商品房买卖合同纠纷案件适用法律若干问题的解释》(2020 修正)第十三条的规定，商品房买卖合同没有约定违约金数额或者损失赔偿额计算方法，违约金数额或者损失赔偿额可以参照以下标准确定:逾期付款的，按照未付购房款总额，参照中国人民银行规定的金融机构计收逾期贷款利息的标准计算。逾期交付使用房屋的，按照逾期交付使用房屋期间有关主管部门公布或者有资格的房地产评估机构评定的同地段同类房屋租金标准确定。

99 买卖合同的诉讼时效期间有多长?

诉讼时效是指民事权利受到损害的权利人在法定的时效期限内不行使权利，当时效期限届满时，义务人获得诉讼时效抗辩权的法律制度。根据《民法典》第一百八十八条的规定，向人民法院请求保护民事权利的诉讼时效期间为三年。法律另有规定的，依照其规定。诉讼时效期间自权利人知道或者应当知道权利受到损害以及义务人之日起计算。法律另有规定的，依照其规定。但是，自权利受到损害之日起超过二十年的，人民法院不予保护，有特殊情况的，人民法院可以根据权利人的申请决定延长。

100 诉讼时效期间已过，买卖合同当事人还能否向法院提起诉讼?

诉讼时效期限届满时，义务人获得诉讼时效抗辩权，但权利人并不因此丧失向法院提起诉讼的权利。如果当事人向法院提起诉讼，法院应当受理。同时，《民法典》第一百九十三条还规定，人民法院不得主动适用诉讼时效的规定。

101 诉讼时效期间已过，买卖合同一方自愿履行后要求返还的，法律是否支持?

根据《民法典》第一百九十二条的规定，诉讼时效期间届满的，义务人可以提出不履行义务的抗辩。诉讼时效期间届满后，义务人同意履行的，不得以诉讼时效期间届满为由抗辩；义务人已经自愿履行的，不得请求返还。

【案例3–15】合理的商品房买卖违约金应以何种标准确定?

2014年4月15日，申某、L地产开发公司（以下简称“L公司”）

签订《商品房买卖合同》，约定申某购买L公司开发的商业用房，总价款569397元，交房时间为2014年9月30日前；如因出卖人的责任，买受人未能在商品房交付之日起 × 日内取得房屋所有权证书，合同继续履行，每逾期一日，由出卖人向买受人支付已付款万分之二的违约金。

至2014年7月29日，申某已支付购房款569397元，并于2014年9月29日与开发商办理了房屋交接手续。此后房屋一直空置，L公司也一直未就房屋办理初始登记。后申某诉至法院，要求L公司按合同约定的每日万分之二的标准支付未办理产权证的违约金。L公司则主张未办理产权证并未给申某造成实际损失，违约金过高，请求法院予以调整。

律师指引 根据《最高人民法院关于审理商品房买卖合同纠纷案件适用法律若干问题的解释》（2020修正）第十二条的规定，当事人以约定的违约金过高为由请求减少的，应当以违约金超过造成的损失30%为标准适当减少；当事人以约定的违约金低于造成的损失为由请求增加的，应当以违约造成的损失确定违约金数额。同时，《民法典》第五百八十五条规定，当事人可以约定一方违约时应当根据违约情况向对方支付一定数额的违约金，也可以约定因违约产生的损失赔偿额的计算方法。约定的违约金低于造成的损失的，人民法院或者仲裁机构可以根据当事人的请求予以增加；约定的违约金过分高于造成的损失的，人民法院或者仲裁机构可以根据当事人的请求予以适当减少。当事人就迟延履行约定违约金的，违约方支付违约金后，还应当履行债务。

在上述案例中，根据双方签订的合同，逾期未办证，由出卖人向买受人按每日万分之二支付违约金；该商业房处于空置的状态，未实现预期收益。违约金按年化利率计，与当时中国人民银行公布的贷款基准利率差距不大，故本案法院最终判定申某要求L公司按照合同约定的按日万分之二支付逾期办理房产证的违约金并无不当。

【案例3–16】买方因信贷政策变动解除房屋买卖合同，卖方能否拒退定金?

2017年12月27日，赵某（乙方）与范某（甲方）签订《房屋买卖合同》，约定房屋总价为40.3万元，合同签订之日，乙方向甲方支付定金1万元；乙方申请商业贷款；商贷审批后，甲方提取首付款将房屋解押，解押后双方办理不动产过户等。同日，赵某向范某支付购房定金1万元。合同签订时，经过银行方面确认，赵某具备在Y银行办理15年按揭贷款的条件，买卖双方均同意赵某在Y银行办理按揭贷款。

2018年1月5日，银行贷款政策调整，房屋限贷政策出台，赵某不符合银行贷款条件。买卖双方均同意解除房屋买卖合同，但就定金返还问题产生争议。

➲ 律师指引　根据《最高人民法院关于审理商品房买卖合同纠纷案件适用法律若干问题的解释》（2020修正）第十九条的规定，商品房买卖合同约定，买受人以担保贷款方式付款、因当事人一方原因未能订立商品房担保贷款合同并导致商品房买卖合同不能继续履行的，对方当事人可以请求解除合同和赔偿损失。因不可归责于当事人双方的事由未能订立商品房担保贷款合同并导致商品房买卖合同不能继续履行的，当事人可以请求解除合同，出卖人应当将收受的购房款本金及其利息或者定金返还买受人。

上述案例系因房屋限贷政策变动而引发，赵某与范某于房屋限贷政策实施前订立房屋买卖合同，约定以按揭贷款方式付款，且合同签订时赵某具备贷款15年的条件。但合同签订后不久房屋限贷政策实施，赵某无法办理贷款手续导致合同无法继续履行，合同无法继续履行不可归责于合同当事人，双方均同意解除合同。赵某与范某之间的房屋买卖合同具备解除条件，合同解除后，范某应将收取的购房定金1万元返还赵某。

【案例3–17】卖方违约未能订立购房合同，买方能否要求全额退还定金与利息?

2015年11月20日，李某与L公司签订认购协议书，约定：李某购买L公司开发的商铺，总价为人民币97万元；李某向L公司支付认购定金20万元，该定金于正式签订《商品房买卖合同》时一并计入房款之中；李某需于2015年11月27日前交付房款77.6万元，剩余房款19.4万元于签署《商品房预售合同》前交齐。上述认购协议书签订后，李某按约向L公司支付房款77.6万元（含定金20万元）。

后来，L公司一直未能进行实质性的开工建设，经核实，其因缺失相关开发建设手续，未能取得商品房预售许可证明。为此，李某诉至法院请求L公司返还购房款、定金并支付利息。

律师指引　根据《民法典》第五百八十六条的规定，当事人可以约定一方向对方给付定金作为债权的担保。定金合同自实际交付定金时成立。定金的数额由当事人约定；但是，不得超过主合同标的额的百分之二十，超过部分不产生定金的效力。实际交付的定金数额多于或者少于约定数额的，视为变更约定的定金数额。《最高人民法院关于审理商品房买卖合同纠纷案件适用法律若干问题的解释》（2020 修正）第四条规定，出卖人通过认购、订购、预订等方式向买受人收受定金作为订立商品房买卖合同担保的，如果因当事人一方原因未能订立商品房买卖合同，应当按照法律关于定金的规定处理；因不可归责于当事人双方的事由，导致商品房买卖合同未能订立的，出卖人应当将定金返还买受人。

在上述案例中，L 公司未能取得商品房预售许可证明，双方签订的认购协议书无效，但根据认购协议书，李某向 L 公司支付的认购定金 20 万元为“立约定金”。因 L 公司迟迟未办理相关开发建设手续，致使开发项目在合理期限内无法开工建设，最终导致李某未能与其签订合法有效的商品房买卖合同，L 公司的行为构成缔约过失，应当向李某双倍返还定金。

同时，《民法典》第五百八十六条第二款规定，定金的数额由当事人约定；但是，不得超过主合同标的额的百分之二十，超过部分不产生定金的效力。实际交付的定金数额多于或者少于约定数额的，视为变更约定的定金数额。第五百八十五条第二款规定，约定的违约金低于造成的损失的，人民法院或者仲裁机构可以根据当事人的请求予以增加；约定的违约金过分高于造成的损失的，人民法院或者仲裁机构可以根据当事人的请求予以适当减少。因此，至于返还的定金和利息，结合上述案例所购商品房总价款为 97 万元的事实，L 公司应向李某返还的定金数额最高不超过 19.4 万（97 万元 ×20%）元。根据上述法律规定，因 L 公司赔偿李某的 19.4 万元足以弥补李某已付购房款的银行利息，故李某主张的利息损失不能获得支持。

【案例 3-18】开发商规划变动更改房号，房屋买受人能否解除合同并要求赔偿一倍房款？

2011 年 7 月 29 日，吴某与 S 地产开发公司（以下简称“S 公司”）签订《商品房买卖合同》，约定吴某购买 S 公司预售的 38 号、39 号门面房，每套 27.5 万元，均分六期付款。合同约定房屋交付期限为 2013 年 12 月 31 日前，如逾期交房，每逾期一日，S 公司按已付房款的 0.1‰ 支付违约金；如逾期 90 日仍未交付，吴某有权单方面解除合同，S 公司退还吴某已付房款及利息。合同签订后，吴某分三次交付 38 号、39 号房房款共计 51.5 万元。

在建设过程中，该幢楼比预售规划多建了两间，吴某所购买的 38 号、39 号门面房的编号也发生了变化。2013 年 11 月 15 日，吴某得知房号变化，编号为 38、39 的房屋被 S 公司卖给了第三人。S 公司拟向吴某交付 40 号、41 号门面房，吴某拒绝收房。

后吴某以 S 公司将 38 号、39 号门面房“一房二卖”为由诉至法院，要求解除合同，返还已支付购房款并另赔偿一倍购房款。S 公司同意解除合同，但认为不存在违约情形而拒绝赔偿一倍购房款。

律师指引 上述案例中，S 公司拟交付吴某的 40 号、41 号房与双方商品房买卖合同约定的 38 号、39 号房在房屋结构、功能方面没有差异，门面房房号的变化不足以导致双方买卖合同根本目的不能实现，故吴某对 S 公司承担一倍购房款的赔偿责任的请求不符合法律规定。但在规划变更导致交付吴某的门面房号变更时，S 公司应当遵循诚实信用原则，及时履行告知义务，吴某对合同是否继续履行有选择的权利。因双方均同意解除合同，鉴于 S 公司在合同履行过程中存在过错，法院判决 S 公司承担吴某已付购房款 10% 的违约责任。

第二章　最高人民法院指导案例参考

第一节　知假买假

孙某诉南京 O 有限公司江宁店买卖合同纠纷案[①]

裁判要旨

消费者购买到不符合食品安全标准的食品，要求销售者或者生产者依照《食品安全法》规定支付十倍价款的赔偿金或者依照法律规定的其他赔偿标准赔偿的，无论其购买时是否明知食品不符合安全标准，人民法院都应予以支持。

一、基本案情

2012 年 5 月 1 日，原告孙某在被告南京 O 有限公司江宁店（以下简称“O 超市江宁店”）购买“玉兔牌”香肠 15 包，其中总价 558.6

① （2012）江宁开民初字第 646 号。

元的14包香肠已过保质期。孙某到收银台结账后，即径直到服务台索赔。后因协商未果诉至法院，孙某要求O超市江宁店支付14包香肠售价十倍的赔偿金5586元。

法院认为，《中华人民共和国消费者权益保护法》(以下简称《消费者权益保护法》)第二条规定:“消费者为生活消费需要购买、使用商品或者接受服务，其权益受本法保护;本法未作规定的，受其他有关法律、法规保护。”消费者是相对于销售者和生产者的概念。只要在市场交易中购买、使用商品或者接受服务是为了个人、家庭生活需要，而不是为了生产经营活动或者职业活动需要的，就应当认定为“为生活消费需要”的消费者，属于《消费者权益保护法》调整的范围。原、被告双方对孙某从O超市江宁店购买香肠这一事实不持异议，据此可以认定孙某实施了购买商品的行为，且孙某并未将所购香肠用于再次销售经营，O超市江宁店也未提供证据证明其购买商品是为了生产经营。孙某因购买到超过保质期的食品而索赔，属于行使法定权利。因此O超市江宁店认为孙某“买假索赔”，不是消费者的抗辩理由不能成立。

《中华人民共和国食品安全法》[①](以下简称《食品安全法》)第三条规定:“食品生产经营者应当依照法律、法规和食品安全标准从事生产经营活动，对社会和公众负责，保证食品安全，接受社会监督，承担社会责任。”该法第二十八条第(八)项规定，超过保质期的食品属于禁止生产经营的食品。食品销售者负有保证食品安全的法定义务，应当自行对不符合安全标准的食品及时清理。O超市江宁店作为食品销

① 《中华人民共和国食品安全法》已于2018年修正，第三条已被第四条替换，第二十八条已被第三十四条替换，第九十六条已被第一百四十七、一百四十八条替换。

售者，应当按照保障食品安全的要求储存食品，及时检查待售食品，清理超过保质期的食品，但事实上，其仍然将超过保质期的“玉兔牌”香肠摆放于货架上销售，未履行法定义务，可以认定为销售明知是不符合食品安全标准的食品。

《食品安全法》第九十六条第一款规定：“违反本法规定，造成人身、财产或者其他损害的，依法承担赔偿责任。”第二款规定：“生产不符合食品安全标准的食品或者销售明知是不符合食品安全标准的食品，消费者除要求赔偿损失外，还可以向生产者或者销售者要求支付价款十倍的赔偿金。”当销售者销售明知是不符合安全标准的食品时，消费者可以同时主张赔偿损失和支付价款十倍的赔偿金，也可以只主张支付价款十倍的赔偿金。原告孙某仅要求O超市江宁店支付售价十倍的赔偿金，属于当事人自行处分权利的行为，应予支持。关于被告O超市江宁店提出原告明知食品过期而购买，希望利用其错误谋求利益，不应予以十倍赔偿的主张，因前述法律规定消费者有权获得价款十倍的赔偿金，因该赔偿获得的利益属于法律应当保护的利益，且法律并未对消费者的主观购物动机作出限制性规定，故对该项主张不予支持。

二、争议焦点分析

（一）关于原告孙某是否属于消费者的问题

被告O超市江宁店认为，原告孙某“买假索赔”，不属于消费者。

法院经审理认为，只要在市场交易中购买、使用商品或者接受服务是为了个人、家庭生活需要，而不是为了生产经营活动或者职业活动需要的，就应当认定为“为生活消费需要”的消费者，属于《消费者权益保护法》调整的范围。孙某并未将所购香肠用于再次销售经营，O 超市江宁店也未提供证据证明其购买商品是为了生产经营，因此法院认定原告孙某属于消费者。

关于该争议焦点，《消费者权益保护法》第二条[①]针对消费者的概念有明确规定，消费者为生活消费需要购买、使用商品或者接受服务，其权益受法律保护。

（二）关于被告 O 超市江宁店是否属于销售明知是不符合食品安全标准食品的问题

法院经审理认为，O 超市江宁店作为食品销售者，应当按照保障食品安全的要求储存食品，及时检查待售食品，清理超过保质期的食品，但事实上，其仍然将超过保质期的“玉兔牌”香肠摆放于货架上销售，未履行法定义务，可以认定为销售明知是不符合食品安全标准的食品。

（三）关于被告 O 超市江宁店的责任承担问题

原告孙某认为，其购买到超过保质期的食品而索赔，属于行使法定权利。

被告 O 超市江宁店认为，原告孙某到收银台结账后，即径直到服务台索赔，显然在购买时即明知食品不符合安全标准，其不应支付十倍赔偿金给原告。

---

① 《消费者权益保护法》第二条规定：“消费者为生活消费需要购买、使用商品或者接受服务，其权益受本法保护；本法未作规定的，受其他有关法律、法规保护。”

消费者购买到不符合食品安全标准的食品，不论其购买时是否明知食品不符合安全标准，都有权要求销售者或者生产者依照《食品安全法》第一百四十八条第二款[①]的规定支付价款十倍赔偿金或者依照法律规定的其他赔偿标准赔偿。

关于该争议焦点，消费者主观上明知食品“有假”不构成销售者或生产者拒绝赔偿的抗辩理由。即使原告孙某在购买时即明知食品不符合安全标准，被告O超市江宁店也应当向原告孙某支付价款十倍赔偿金。

三、案例评析

为保障消费者健康安全，严厉打击制售假冒伪劣食品药品的行为，法律在食药领域支持“知假买假”获得惩罚性赔偿，然而也因此激发了“职业打假人”的打假热情，在实践中引发了诸多争议。为净化市场环境、引导正确的价值取向，最高人民法院办公厅发布《最高人民法院办公厅对十二届全国人大五次会议第5990号建议的答复意见》，明确不宜将食药纠纷的特殊政策推广适用到所有消费者保护领域。对于知假买假人而言，不存在其主观上受到欺诈的情形，且知假买假行为有商业化的趋势，越来越多的职业打假人、打假公司（集团），利用惩罚性赔偿为自身牟利或借机对商家进行敲诈勒索，严重违背诚信原

① 《食品安全法》第一百四十八条第二款规定：“生产不符合食品安全标准的食品或者经营明知是不符合食品安全标准的食品，消费者除要求赔偿损失外，还可以向生产者或者经营者要求支付价款十倍或者损失三倍的赔偿金；增加赔偿的金额不足一千元的，为一千元。但是，食品的标签、说明书存在不影响食品安全且不会对消费者造成误导的瑕疵的除外。”

则，食品药品领域以外的牟利性打假行为应受遏制。

四、法律纠纷风险防范启示

（一）法律不鼓励食品药品领域以外的“知假买假”行为。消费者在购买到不符合安全标准的食品或药品时，应利用法律武器积极维护合法权益。但明知商品或服务存在质量问题而以牟利为目的进行购买，有违诚信原则，“知假买假”的情形也不符合法律关于“欺诈”的定义，在食品药品领域以外，主张惩罚性赔偿难以获得法院支持。

（二）增强风险意识。生产者、经营者应按照保障产品安全的规范要求储存产品，及时检查待售产品，清理超过保质期的产品，如未履行上述义务，可能会被法院认定为销售明知是不符合安全标准的产品而承担赔偿责任。

（三）注重证据搜集、保存。O 超市江宁店未能提供证据证明孙某购买商品是为生产经营需要，根据“谁主张，谁举证”的原则，法院认定孙某属于“为生活消费需要”的消费者。此外，经营者还应注意，根据《消费者权益保护法》第二十三条第三款的规定，经营者提供的机动车、计算机、电视机、电冰箱、空调器、洗衣机等耐用商品或者装饰装修等服务，消费者自接受商品或者服务之日起六个月内发现瑕疵，发生争议的，适用“举证责任倒置”，由经营者承担有关瑕疵的举证责任。

第二节　销售欺诈

张某诉北京H汽车服务有限公司买卖合同纠纷案[①]

裁判要旨

1. 为家庭生活消费需要购买汽车，发生欺诈纠纷的，可以按照《消费者权益保护法》处理。

2. 汽车销售者承诺向消费者出售没有使用或维修过的新车，消费者购买后发现系使用或维修过的汽车，销售者不能证明已履行告知义务且得到消费者认可的，构成销售欺诈，消费者要求销售者按照《消费者权益保护法》赔偿损失的，人民法院应予支持。

一、基本案情

2007年2月28日，原告张某从被告北京H汽车服务有限公司（以下简称“H公司”）购买上海通用雪佛兰景程轿车一辆，价格13.8万元，双方签有《汽车销售合同》。该合同第七条约定：“……卖方保证买方所购车辆为新车，在交付之前已做必要的检验和清洁，车辆路程表的公里数为18公里且符合卖方提供给买方的随车交付文件中所列的各项规格和指标……”合同签订当日，张某向H公司交付了购车款13.8万元，同时支付了车辆购置税12400元、一条龙服务费500元、保险费6060元。同日，H公司将雪佛兰景程轿车一辆交付张某，张某为该车办理了机动车登记手续。2007年5月13日，张某在将车辆送H公司

① （2008）二中民终字第00453号。

保养时，发现该车曾于2007年1月17日进行过维修。

审理中，H公司表示张某所购车辆确曾在运输途中划伤，于2007年1月17日进行过维修，维修项目包括右前叶子板钣金、右前门钣金、右后叶子板钣金、右前叶子板喷漆、右前门喷漆、右后叶子板喷漆，维修中更换底大边卡扣、油箱门及前叶子板灯总成，送修人系该公司业务员。H公司称，对于车辆曾进行维修之事已在销售时明确告知张某，并据此予以较大幅度优惠，该车销售定价应为15.19万元，经协商后该车实际销售价格为13.8万元，还赠送了部分装饰。为证明上述事实，H公司提供了车辆维修记录及有张某签字的日期为2007年2月28日的车辆交接验收单一份，车辆交接验收单备注一栏中注有"加1/4油，此车右侧有钣喷修复，按约定价格销售"。H公司表示该验收单系公司保存，张某手中并无此单。对于H公司提供的上述两份证据，张某表示对于车辆维修记录没有异议，车辆交接验收单中的签字确系其所签，但H公司在销售时并未告知车辆曾有维修，其在签字时备注一栏中没有"此车右侧有钣喷修复，按约定价格销售"字样。

法院认为，原告张某购买汽车系因生活需要自用，被告H公司没有证据证明张某购买该车用于经营或其他非生活消费，故张某购买汽车的行为属于生活消费，应当适用《消费者权益保护法》。

根据双方签订的《汽车销售合同》，H公司交付张某的车辆应为无维修记录的新车，现所售车辆在交付前实际上经过维修，这是双方共同认可的事实，故争议的焦点为H公司是否事先履行了告知义务。

车辆销售价格的降低或优惠以及赠送车饰是销售商常用的销售策略，也是双方当事人协商的结果，不能由此推断出H公司在告知张某汽车存在瑕疵的基础上为其进行了降价和优惠。H公司提交的有张某签名的车辆交接验收单，因系H公司单方保存，且备注一栏内容由该公司不同人员书写，加之张某对此不予认可，不足以证明张某对车辆以前维修过有所了解。故对H公司称其向张某履行了瑕疵告知义务的抗辩不予采信，认定H公司在售车时隐瞒了车辆存在的瑕疵，有欺诈行为，应退车还款并增加赔偿张某的损失。

二、争议焦点分析

争议焦点为H公司是否事先履行了所售车辆在交付前实际上经过维修的告知义务。

原告张某（买方）主张其在2007年5月13日将车辆送H公司保养时，才发现该车曾于2007年1月17日进行过维修，被告在销售车辆时并未告知车辆曾有维修，隐瞒了车辆存在的瑕疵，违背了双方于2007年2月28日签订的《汽车销售合同》中关于“卖方保证买方所购车辆为新车”的约定，应承担违约责任。

被告H公司（卖方）主张其已在销售时将车辆曾进行维修之事明确告知张某，并据此予以较大幅度优惠，且原告张某于2007年2月28日签字的车辆交接验收单备注一栏中注明了“此车右侧有钣喷修复，按约定价格销售”，其已履行了告知义务，不应承担违约责任。

法院经审理认为，车辆销售价格的降低或优惠是销售商常用的销售策略，不能由此推断出H公司在告知张某汽车存在瑕疵的基础上为其进行了降价和优惠。H公司提交的有张某签名的车辆交接验收单系H公司单方保存，且备注一栏内容由该公司不同人员书写，加之张某对此不予认可，不足以证明张某对车辆以前维修过有所了解。故对H公司称其向张某履行了瑕疵告知义务的抗辩不予采信，认定H公司在售车时隐瞒了车辆存在的瑕疵，有欺诈行为，应退车还款并增加赔偿张某的损失。

该争议焦点涉及销售欺诈行为，销售欺诈的前提是销售者于《汽车销售合同》中保证消费者所购车辆为新车，但消费者购买后发现汽车在出售前即存在维修情形，该情形可能对消费者选择购买车辆有重大影响，且销售者不能证明就该维修情形履行过瑕疵告知义务，不利后果应由销售者承担，故法院认定H公司存在欺诈行为。

三、案例评析

在司法实践中，因事实复杂，并非所有欺诈行为的界定都清晰而明确，且由于消费者对于欺诈行为可主张惩罚性赔偿，对涉及大额消费的案件，法官在处理时也往往较为慎重。本案例明确了H公司在汽车销售过程中隐瞒其使用过或维修过汽车的事实构成销售欺诈，为消费者维权铺设前提，对于同类型案件的司法审判具有指导意义。

根据《消费者权益保护法》第五十五条第一款[①]的规定，经营者存在欺诈行为，应当按照消费者的要求增加赔偿其受到的损失，增加赔偿的金额为消费者购买商品的价款或者接受服务的费用的三倍。但需注意，能够适用《消费者权益保护法》的前提是买方购买汽车系出于家庭生活消费需要，如果买方购买汽车是为了生产经营活动需要，如公司购买车辆用于出租，则该种情况下买方不符合“消费者”身份，

① 《消费者权益保护法》第五十五条第一款规定：“经营者提供商品或者服务有欺诈行为的，应当按照消费者的要求增加赔偿其受到的损失，增加赔偿的金额为消费者购买商品的价款或者接受服务的费用的三倍；增加赔偿的金额不足五百元的，为五百元。法律另有规定的，依照其规定。”

不能适用《消费者权益保护法》的规定主张存在欺诈行为的销售者增加支付三倍价款赔偿。

四、法律纠纷风险防范启示

双方举证证明责任的分配是界定销售欺诈行为的关键步骤，充分举证有利于把握纠纷解决主动权。根据《最高人民法院关于适用 < 中华人民共和国民事诉讼法 > 的解释》第九十条[①]的规定，消费者及销售者各自承担如下举证证明责任：

首先，消费者应举证证明销售者承诺出售的是新车，这就要求消费者保存好《汽车销售合同》，通过合同相关约定证明前述事项。

其次，消费者还需就购买后发现车辆系使用或维修过的事实承担举证责任。当然，销售者也可以同时举证证明汽车使用或维修的情形发生于交付消费者之后。当事实不清证据不足时，应由承担举证责任的消费者承担不利后果。

再次，在已确认汽车在交付消费者之前即存在使用或维修过的情形时，举证责任转移至销售者。销售者需要证明其已履行过瑕疵告知义务，且得到消费者同意。在销售者无法证明的情况下，应由销售者承担不利后果。

---

① 《最高人民法院关于适用 < 中华人民共和国民事诉讼法 > 的解释》第九十条规定："当事人对自己提出的诉讼请求所依据的事实或者反驳对方诉讼请求所依据的事实，应当提供证据加以证明，但法律另有规定的除外。在作出判决前，当事人未能提供证据或者证据不足以证明其事实主张的，由负有举证证明责任的当事人承担不利的后果。"

第三节　恶意串通

瑞士 J 国际公司诉福建 JS 制油有限公司等确认合同无效纠纷案[①]

裁判要旨

1. 债务人将主要财产以明显不合理低价转让给其关联公司，关联公司在明知债务人欠债的情况下，未实际支付对价的，可以认定债务人与其关联公司恶意串通、损害债权人利益，与此相关的财产转让合同应当认定为无效。

2.《合同法》第五十九条规定适用于第三人为财产所有权人的情形，在债权人对债务人享有普通债权的情况下，应当根据《合同法》第五十八条[②]的规定，判令因无效合同取得的财产返还给原财产所有人，而不能根据第五十九条规定直接判令债务人的关联公司因“恶意串通，损害第三人利益”的合同而取得的债务人的财产返还给债权人。

一、基本案情

瑞士 J 国际公司与福建 JS 制油有限公司以及大连 JS 制油有限公司、沈阳 JS 有限公司、四川 JS 有限公司、北京 K 粮油有限公司、Y 香港

① （2012）民四终字第 1 号。

② 《合同法》第五十八、五十九条内容并入新实施的《民法典》第一百五十七条：民事法律行为无效、被撤销或者确定不发生效力后，行为人因该行为取得的财产，应当予以返还；不能返还或者没有必要返还的，应当折价补偿。有过错的一方应当赔偿对方由此所受到的损失；各方都有过错的，应当各自承担相应的责任。法律另有规定的，依照其规定。

有限公司（该六公司以下统称JS集团）存在商业合作关系。J公司与JS集团因买卖大豆发生争议，双方在国际油类、种子和脂类联合会仲裁过程中于2005年6月26日达成《和解协议》，约定JS集团将在五年内分期偿还债务，并将JS集团旗下福建JS公司的全部资产，包括土地使用权、建筑物和固着物、所有的设备及其他财产抵押给J公司，作为偿还债务的担保。2005年10月10日，国际油类、种子和脂类联合会根据该《和解协议》作出第3929号仲裁裁决，确认JS集团应向J公司支付1337万美元。2006年5月，因JS集团未履行该仲裁裁决，福建JS公司也未配合进行资产抵押，J公司向福建省厦门市中级人民法院申请承认和执行第3929号仲裁裁决。2007年6月26日，厦门市中级人民法院经审查后裁定对该仲裁裁决的法律效力予以承认和执行。该裁定生效后，J公司申请强制执行。

2006年5月8日，福建JS公司与福建T科技有限公司（以下简称T公司）签订一份《国有土地使用权及资产买卖合同》，约定福建JS公司将其国有土地使用权、厂房、办公楼和油脂生产设备等全部固定资产以2569万元人民币（以下未特别注明的均为人民币）的价格转让给T公司，其中国有土地使用权作价464万元、房屋及设备作价2105万元，应在合同生效后30日内支付全部价款。王某和柳某分别作为福建JS公司与T公司的法定代表人在合同上签名。福建JS公司曾于2001年12月31日以482.1万元取得所涉32138平方米国有土地使用权。2006年5月10日，福建JS公司与T公司对买卖合同项下的标的物进行了交接。同年6月15日，T公司通过在中国农业银行漳州支行的账户向福建JS公司在同一银行的账户转入2500万元。福建JS公司当日从该账户汇出1300万元、1200万元两笔款项至JS集团旗下大连JS制油有限公司账户，用途为往来款。同年6月19日，T公司取得上述国有土地使用权证。

2008年2月21日，T公司与漳州开发区H贸易有限公司（以下简称H公司）签订《买卖合同》，约定H公司购买上述土地使用权及地上建筑物、设备等，总价款为2669万元，其中土地价款603万元、房屋价款334万元、设备价款1732万元。H公司于2008年3月取得上述国有土地使用权证。H公司仅于2008年4月7日向T公司付款569万元，此后未付其余价款。

T公司、福建JS公司、大连JS制油有限公司及JS集团旗下其他公司的直接或间接控制人均为王某良、王某莉、王某琪、柳某。王某良与王某琪、王某莉是父女关系，柳某与王某琪是夫妻关系。2009年10月15日，Z粮油进出口有限责任公司（以下简称Z粮油公司）取得T公司80%的股权。2010年1月15日,T公司更名为Z粮油（福建）有限公司（以下简称Z福建公司）。

H公司成立于2008年2月19日，原股东为宋某权、杨某莉。2009年9月16日，Z粮油公司和宋某权、杨某莉签订《股权转让协议》，约定Z粮油公司购买H公司80%的股权。同日，Z粮油公司（甲方）、H公司（乙方）、宋某权和杨某莉（丙方）及沈阳JD食品有限公司（丁方）签订《股权质押协议》，约定：丙方将所拥有H公司20%的股权质押给甲方，作为乙方、丙方、丁方履行“合同义务”之担保；“合同义务”系指乙方、丙方在《股权转让协议》及《股权质押协议》项下因“红豆事件”而产生的所有责任和义务；“红豆事件”是指J公司与JS集团就进口大豆中掺杂红豆原因而引发的JS集团涉及的一系列诉讼及仲裁纠纷以及与此有关的涉及H公司的一系列诉讼及仲裁纠纷。还约定，下述情形同时出现之日，视为乙方和丙方的“合同义务”已完全履行：1.因“红豆事件”而引发的任何诉讼、仲裁案件的全部审理及执行程序均已终结，且乙方未遭受财产损失；2. J公司针对乙方所涉合同可能存在的撤销权因超过法律规定的最长期限（五年）而消灭。2009年11月18日，Z粮油公司取得H公司80%的股权。H公司成立后并未进行实际经营。

由于福建JS公司已无可供执行的财产，导致无法执行，J公司遂向福建省高级人民法院提起诉讼，请求：一是确认福建JS公司与Z福建公司签订的《国有土地使用权及资产买卖合同》无效；二是确认Z福建公司与H公司签订的国有土地使用权及资产《买卖合同》无效；三是判令H公司、Z福建公司将其取得的合同项下财产返还给财产所有人。

法院生效裁判认为：因J公司注册登记地在瑞士，系涉外案件，各方当事人对适用中华人民共和国法律审理没有异议。源于债权人J公司认为债务人福建JS公司与关联企业T公司、T公司与H公司之间关于土地使用权以及地上建筑物、设备等资产的买卖合同，因《民法典》实施后，已调整并入《民法典》总则编第六章第三节的有关规定：第一百五十四条，行为人与相对人恶意串通，损害他人合法权益的民事法律行为无效。而应当被认定无效，并要求返还原物。

首先，福建JS公司、T公司在签订和履行《国有土地使用权及资产买卖合同》的过程中，其实际控制人之间系亲属关系，且柳某、王某琪夫妇分别作为两公司的法定代表人在合同上签署。因此，可以认定在签署以及履行转让福建JS公司国有土地使用权、房屋、设备的合同过程中，T公司对福建JS公司的状况是非常清楚的，对包括福建JS公司在内的JS集团因“红豆事件”被仲裁裁决确认对J公司形成1337万美元债务的事实是清楚的。

其次，《国有土地使用权及资产买卖合同》订立于2006年5月8

日，其中约定 T 公司购买福建 JS 公司资产的价款为 2569 万元，国有土地使用权作价 464 万元、房屋及设备作价 2105 万元，并未根据相关会计师事务所的评估报告作价。一审法院根据福建 JS 公司 2006 年 5 月 31 日资产负债表，其中载明固定资产原价 44042705.75 元、扣除折旧后固定资产净值为 32354833.70 元，而《国有土地使用权及资产买卖合同》中对房屋及设备作价仅 2105 万元，认定《国有土地使用权及资产买卖合同》中约定的购买福建 JS 公司资产价格为不合理低价是正确的。在明知债务人福建 JS 公司欠债权人 J 公司巨额债务的情况下，T 公司以明显不合理低价购买福建 JS 公司的主要资产，足以证明其与福建 JS 公司在签订《国有土地使用权及资产买卖合同》时具有主观恶意，属恶意串通，且该合同的履行足以损害债权人 J 公司的利益。

第三，《国有土地使用权及资产买卖合同》签订后，T 公司虽然向福建 JS 公司在同一银行的账户转账 2500 万元，但该转账并未注明款项用途，且福建 JS 公司于当日将 2500 万元分两笔汇入其关联企业大连 JS 制油有限公司账户；又根据福建 JS 公司和 T 公司当年的财务报表，并未体现该笔 2500 万元的入账或支出，而是体现出 T 公司尚欠福建 JS 公司“其他应付款”121224155.87 元。一审法院据此认定 T 公司并未根据《国有土地使用权及资产买卖合同》向福建 JS 公司实际支付价款是合理的。

第四，从公司注册登记资料看，H 公司成立时股东构成似与福建 JS 公司无关，但在 H 公司股权变化的过程中可以看出，H 公司在与 T 公司签订《买卖合同》时对转让的资产来源以及福建 JS 公司对 J 公司的债务是明知的。《买卖合同》约定的价款为 2669 万元，与 T 公司从福建 JS 公司购入该资产的约定价格相差不大。H 公司除已向 T 公司支付 569 万元外，其余款项未付。一审法院据此认定 H 公司与 T 公司签订《买卖合同》时恶意串通并足以损害债权人J公司的利益，并无不当。

综上，福建JS公司与T公司签订的《国有土地使用权及资产买卖合同》、T公司与H公司签订的《买卖合同》，属于恶意串通、损害J公司利益的合同。《民法典》实施后，已调整并入《民法典》总则编第六章第三节的有关规定：第一百五十四条，行为人与相对人恶意串通，损害他人合法权益的民事法律行为无效。

对于无效合同的处理，人民法院一般应当根据合同法第五十八条“合同无效或者被撤销后，因该合同取得的财产，应当予以返还；不能返还或者没有必要返还的，应当折价补偿。有过错的一方应当赔偿对方因此所受到的损失，双方都有过错的，应当各自承担相应的责任”的规定[①]，判令取得财产的一方返还财产。本案的两份合同均被认定无效，两份合同涉及的财产相同，其中国有土地使用权已经从福建JS公司经T公司变更至H公司名下，在没有证据证明所涉房屋已经由T公司过户至H公司名下、所涉设备已经由T公司交付H公司的情况下，一审法院直接判令取得国有土地使用权的H公司、取得房屋和设备的T公司分别就各自取得的财产返还给福建JS公司并无不妥。

《合同法》第五十九条规定[②]：“当事人恶意串通，损害国家、集体

---

① 《合同法》第五十八、五十九条内容并入《民法典》第一百五十七条：民事法律行为无效、被撤销或者确定不发生效力后，行为人因该行为取得的财产，应当予以返还；不能返还或者没有必要返还的，应当折价补偿。有过错的一方应当赔偿对方由此所受到的损失；各方都有过错的，应当各自承担相应的责任。法律另有规定的，依照其规定。

② 《合同法》第五十八、五十九条内容并入《民法典》第一百五十七条：民事法律行为无效、被撤销或者确定不发生效力后，行为人因该行为取得的财产，应当予以返还；不能返还或者没有必要返还的，应当折价补偿。有过错的一方应当赔偿对方由此所受到的损失；各方都有过错的，应当各自承担相应的责任。法律另有规定的，依照其规定。

或者第三人利益的，因此取得的财产收归国家所有或者返还集体、第三人。”该条规定应当适用于能够确定第三人为财产所有权人的情况。J 公司对福建 JS 公司享有普通债权，所涉财产系福建 JS 公司的财产，并非 J 公司的财产，因此只能判令将系争财产返还给福建 JS 公司，而不能直接判令返还给 J 公司。

二、争议焦点分析

（一）福建 JS 公司、T 公司（后更名为 Z 福建公司）、H 公司相互之间订立的合同是否构成恶意串通、损害 J 公司利益的合同？

债权人 J 公司认为债务人福建 JS 公司与关联企业 T 公司、T 公司与 H 公司之间关于土地使用权以及地上建筑物、设备等资产的买卖合同，属于恶意串通，损害 J 公司利益，应当被认定无效。

法院审理认为，福建 JS 公司、T 公司在签订和履行《国有土地使用权及资产买卖合同》的过程中，T 公司对福建 JS 公司的状况是非常清楚的，对包括福建 JS 公司在内的 JS 集团因“红豆事件”被仲裁裁决确认对 J 公司形成 1337 万美元债务的事实是清楚的。在明知债务人福建 JS 公司欠债权人 J 公司巨额债务的情况下，T 公司以明显不合理低价购买福建 JS 公司的主要资产，足以证明其与福建 JS 公司在签订《国有土地使用权及资产买卖合同》时具有主观恶意，属恶意串通，且该合同的履行足以损害债权人 J 公司的利益。此外，从 H 公司股权变化的过程中可以看出，H 公司在与 T 公司签订《买卖合同》时对转让的资产来源以及福建 JS 公司对 J 公司的债务是明知的，H 公司除已向 T 公司支付 569 万元外，其余款项未付，可据此认定 H 公司与T公司签订《买卖合同》时恶意串通并足以损害债权人J公司的利益。综上，福建JS公司与T公司签订的《国有土地使用权及资产买卖合同》、T公司与H公司签订的《买卖合同》，属于恶意串通、损害J公司利益的合同。根据合同法第五十二条第二项的规定[①]，均应当认定无效。

该争议焦点涉及恶意串通行为，恶意串通是指合同当事人在订立合同过程中，为牟取不法利益合谋实施的违法行为。恶意串通的合同具有以下两个特征：当事人双方是出于故意；恶意串通的合同是为牟取非法利益。由于这种合同具有极大的破坏性，损害了国家、集体或者第三人的利益，为了维护国家、集体或者第三人的利益，维护正常的合同交易，恶意串通订立的合同为无效合同。

（二）所涉合同被认定无效后的法律后果如何？

债权人J公司认为合同无效，H公司、T公司应当返还因上述合同而取得的房屋、设备。

法院审理认为，对于无效合同的处理，一般应当根据《合同法》第五十八条[②]的规定，判令取得财产的一方返还财产。本案的两份合同均被认定无效，法院判令取得国有土地使用权的H公司、取得房屋和设备的T公司分别就各自取得的财产返还给福建JS公司。

---

① 《民法典》实施后，已调整并入《民法典》总则编第六章第三节的有关规定：第一百五十四条，行为人与相对人恶意串通，损害他人合法权益的民事法律行为无效。

② 《合同法》第五十八、五十九条内容并入《民法典》第一百五十七条：民事法律行为无效、被撤销或者确定不发生效力后，行为人因该行为取得的财产，应当予以返还；不能返还或者没有必要返还的，应当折价补偿。有过错的一方应当赔偿对方由此所受到的损失；各方都有过错的，应当各自承担相应的责任。法律另有规定的，依照其规定。

该争议焦点涉及《合同法》第五十八、五十九条[①]的适用规则，对于无效合同的处理，一般应当根据合同法第五十八条的规定，判令因该合同取得财产的一方当事人返还财产。虽然《合同法》第五十九条针对当事人恶意串通损害第三人利益的情形规定因此取得的财产返还第三人，但其应适用于能够确定第三人原本为财产所有权人的情况，而中J公司对福建JS公司享有的是普通债权，因此不能将福建JS公司被转让的财产判归J公司所有，而是仍适用合同法第五十八条的规定，判令将系争财产返还给福建JS公司。

三、案例评析

如上所述，恶意串通的构成要件较为严格，债权人不仅要证明债务人与受让人主观上具有恶意，还要证明客观上具有串通行为，对债权人而言证明难度较大，且“恶意串通”缺乏统一的裁判尺度，法官认定是否存在“恶意串通”时也较为谨慎，因此实践中被法院认定为“恶意串通”的情形较少。本指导案例对于“恶意串通”行为进行了分析认定，为处理类似案件提供了有益参考。恶意串通，损害国家、集体或者第三人利益的合同无效，因该合同取得的财产，应当予以返还。

---

① 《合同法》第五十八、五十九条内容并入《民法典》第一百五十七条：民事法律行为无效、被撤销或者确定不发生效力后，行为人因该行为取得的财产，应当予以返还；不能返还或者没有必要返还的，应当折价补偿。有过错的一方应当赔偿对方由此所受到的损失；各方都有过错的，应当各自承担相应的责任。法律另有规定的，依照其规定。

四、法律纠纷风险防范启示

（一）谨慎选择合作伙伴，识别经营风险。企业在签订重大合同前，建议尽可能了解合作对象的资信状况，评估其支付能力及支付意愿，尽量搜集交易背景等相关信息，减少虚假交易，识别恶意串通，控制交易风险。

（二）设置担保条款，降低履约风险。担保条款中应明确约定担保方式、担保范围、担保物信息（如有）、保证期限等，依照法律规定需办理抵押、质押登记手续的，应及时前往相应登记机构办理，确保抵押、质押的有效设立，实现债权人能够就行使担保物权所得价款优先受偿的目的。

（三）收到有利裁判文书后，积极申请执行，视情况及时追加、变更被执行人。根据《最高人民法院关于民事执行中变更、追加当事人若干问题的规定》，可申请追加以下股东为被执行人：（1）未缴纳或未足额缴纳出资的股东；（2）抽逃出资的股东；（3）未依法履行出资义务即转让股权的股东；（4）不能证明公司财产独立于自己财产的一人有限责任公司股东；（5）未经清算即办理注销登记的公司的股东。申请人可根据实际执行情况，适时追加、变更被执行主体，在公司不能清偿债务的情形下亦能寻找途径有效推进执行工作顺利进行。

附　录

附录 A　中华人民共和国民法典（节选）

中华人民共和国主席令 45 号

（2020 年 5 月 28 日发布，2021 年 1 月 1 日实施）

第三编　合同

第二分编　典型合同

第九章　买卖合同

第五百九十五条　买卖合同是出卖人转移标的物的所有权于买受人，买受人支付价款的合同。

第五百九十六条　买卖合同的内容一般包括标的物的名称、数量、质量、价款、履行期限、履行地点和方式、包装方式、检验标准和方法、结算方式、合同使用的文字及其效力等条款。

第五百九十七条　因出卖人未取得处分权致使标的物所有权不能转移的，买受人可以解除合同并请求出卖人承担违约责任。法律、行政法规禁止或者限制转让的标的物，依照其规定。

第五百九十八条　出卖人应当履行向买受人交付标的物或者交付提取标的物的单证，并转移标的物所有权的义务。

第五百九十九条　出卖人应当按照约定或者交易习惯向买受人交付提取标的物单证以外的有关单证和资料。

第六百条　出卖具有知识产权的标的物的，除法律另有规定或者当事人另有约定外，该标的物的知识产权不属于买受人。

第六百零一条　出卖人应当按照约定的时间交付标的物。约定交付期限的，出卖人可以在该交付期限内的任何时间交付。

第六百零二条　当事人没有约定标的物的交付期限或者约定不明确的，适用本法第五百一十条、第五百一十一条第四项的规定。

第六百零三条　出卖人应当按照约定的地点交付标的物。当事人没有约定交付地点或者约定不明确，依据本法第五百一十条的规定仍不能确定的，适用下列规定：（一）标的物需要运输的，出卖人应当将标的物交付给第一承运人以运交给买受人；（二）标的物不需要运输，出卖人和买受人订立合同时知道标的物在某一地点的，出卖人应当在该地点交付标的物；不知道标的物在某一地点的，应当在出卖人订立合同时的营业地交付标的物。

第六百零四条　标的物毁损、灭失的风险，在标的物交付之前由出卖人承担，交付之后由买受人承担，但是法律另有规定或者当事人另有约定的除外。

第六百零五条　因买受人的原因致使标的物未按照约定的期限交付的，买受人应当自违反约定时起承担标的物毁损、灭失的风险。

第六百零六条　出卖人出卖交由承运人运输的在途标的物，除当事人另有约定外，毁损、灭失的风险自合同成立时起由买受人承担。

第六百零七条　出卖人按照约定将标的物运送至买受人指定地点

并交付给承运人后，标的物毁损、灭失的风险由买受人承担。当事人没有约定交付地点或者约定不明确，依据本法第六百零三条第二款第一项的规定标的物需要运输的，出卖人将标的物交付给第一承运人后，标的物毁损、灭失的风险由买受人承担。

第六百零八条　出卖人按照约定或者依据本法第六百零三条第二款第二项的规定将标的物置于交付地点，买受人违反约定没有收取的，标的物毁损、灭失的风险自违反约定时起由买受人承担。

第六百零九条　出卖人按照约定未交付有关标的物的单证和资料的，不影响标的物毁损、灭失风险的转移。

第六百一十条　因标的物不符合质量要求，致使不能实现合同目的的，买受人可以拒绝接受标的物或者解除合同。买受人拒绝接受标的物或者解除合同的，标的物毁损、灭失的风险由出卖人承担。

第六百一十一条　标的物毁损、灭失的风险由买受人承担的，不影响因出卖人履行义务不符合约定，买受人请求其承担违约责任的权利。

第六百一十二条　出卖人就交付的标的物，负有保证第三人对该标的物不享有任何权利的义务，但是法律另有规定的除外。

第六百一十三条　买受人订立合同时知道或者应当知道第三人对买卖的标的物享有权利的，出卖人不承担前条规定的义务。

第六百一十四条　买受人有确切证据证明第三人对标的物享有权利的，可以中止支付相应的价款，但是出卖人提供适当担保的除外。

第六百一十五条　出卖人应当按照约定的质量要求交付标的物。出卖人提供有关标的物质量说明的，交付的标的物应当符合该说明的质量要求。

第六百一十六条　当事人对标的物的质量要求没有约定或者约定不明确，依据本法第五百一十条的规定仍不能确定的，适用本法第五百一十一条第一项的规定。

第六百一十七条　出卖人交付的标的物不符合质量要求的，买受人可以依据本法第五百八十二条至第五百八十四条的规定请求承担违约责任。

第六百一十八条　当事人约定减轻或者免除出卖人对标的物瑕疵承担的责任，因出卖人故意或者重大过失不告知买受人标的物瑕疵的，出卖人无权主张减轻或者免除责任。

第六百一十九条　出卖人应当按照约定的包装方式交付标的物。对包装方式没有约定或者约定不明确，依据本法第五百一十条的规定仍不能确定的，应当按照通用的方式包装；没有通用方式的，应当采取足以保护标的物且有利于节约资源、保护生态环境的包装方式。

第六百二十条　买受人收到标的物时应当在约定的检验期限内检验。没有约定检验期限的，应当及时检验。

第六百二十一条　当事人约定检验期限的，买受人应当在检验期限内将标的物的数量或者质量不符合约定的情形通知出卖人。买受人怠于通知的，视为标的物的数量或者质量符合约定。当事人没有约定检验期限的，买受人应当在发现或者应当发现标的物的数量或者质量不符合约定的合理期限内通知出卖人。买受人在合理期限内未通知或者自收到标的物之日起二年内未通知出卖人的，视为标的物的数量或者质量符合约定；但是，对标的物有质量保证期的，适用质量保证期，不适用该二年的规定。出卖人知道或者应当知道提供的标的物不符合约定的，买受人不受前两款规定的通知时间的限制。

第六百二十二条　当事人约定的检验期限过短，根据标的物的性质和交易习惯，买受人在检验期限内难以完成全面检验的，该期限仅视为买受人对标的物的外观瑕疵提出异议的期限。约定的检验期限或者质量保证期短于法律、行政法规规定期限的，应当以法律、行政法规规定的期限为准。

第六百二十三条　当事人对检验期限未作约定，买受人签收的送货单、确认单等载明标的物数量、型号、规格的，推定买受人已经对数量和外观瑕疵进行检验，但是有相关证据足以推翻的除外。

第六百二十四条　出卖人依照买受人的指示向第三人交付标的物，出卖人和买受人约定的检验标准与买受人和第三人约定的检验标准不一致的，以出卖人和买受人约定的检验标准为准。

第六百二十五条　依照法律、行政法规的规定或者按照当事人的约定，标的物在有效使用年限届满后应予回收的，出卖人负有自行或者委托第三人对标的物予以回收的义务。

第六百二十六条　买受人应当按照约定的数额和支付方式支付价款。对价款的数额和支付方式没有约定或者约定不明确的，适用本法第五百一十条、第五百一十一条第二项和第五项的规定。

第六百二十七条　买受人应当按照约定的地点支付价款。对支付地点没有约定或者约定不明确，依据本法第五百一十条的规定仍不能确定的，买受人应当在出卖人的营业地支付；但是，约定支付价款以交付标的物或者交付提取标的物单证为条件的，在交付标的物或者交付提取标的物单证的所在地支付。

第六百二十八条　买受人应当按照约定的时间支付价款。对支付时间没有约定或者约定不明确，依据本法第五百一十条的规定仍不能确定的，买受人应当在收到标的物或者提取标的物单证的同时支付。

第六百二十九条　出卖人多交标的物的，买受人可以接收或者拒绝接收多交的部分。买受人接收多交部分的，按照约定的价格支付价款；买受人拒绝接收多交部分的，应当及时通知出卖人。

第六百三十条　标的物在交付之前产生的孳息，归出卖人所有；交付之后产生的孳息，归买受人所有。但是，当事人另有约定的除外。

第六百三十一条　因标的物的主物不符合约定而解除合同的，解除合同的效力及于从物。因标的物的从物不符合约定被解除的，解除的效力不及于主物。

第六百三十二条　标的物为数物，其中一物不符合约定的，买受人可以就该物解除。但是，该物与他物分离使标的物的价值显受损害的，买受人可以就数物解除合同。

第六百三十三条　出卖人分批交付标的物的，出卖人对其中一批标的物不交付或者交付不符合约定，致使该批标的物不能实现合同目的的，买受人可以就该批标的物解除。出卖人不交付其中一批标的物或者交付不符合约定，致使之后其他各批标的物的交付不能实现合同目的的，买受人可以就该批以及之后其他各批标的物解除。买受人如果就其中一批标的物解除，该批标的物与其他各批标的物相互依存的，可以就已经交付和未交付的各批标的物解除。

第六百三十四条　分期付款的买受人未支付到期价款的数额达到全部价款的五分之一，经催告后在合理期限内仍未支付到期价款的，出卖人可以请求买受人支付全部价款或者解除合同。出卖人解除合同的，可以向买受人请求支付该标的物的使用费。

第六百三十五条　凭样品买卖的当事人应当封存样品，并可以对样品质量予以说明。出卖人交付的标的物应当与样品及其说明的质量相同。

第六百三十六条　凭样品买卖的买受人不知道样品有隐蔽瑕疵的，即使交付的标的物与样品相同，出卖人交付的标的物的质量仍然应当符合同种物的通常标准。

第六百三十七条　试用买卖的当事人可以约定标的物的试用期限。对试用期限没有约定或者约定不明确，依据本法第五百一十条的规定仍不能确定的，由出卖人确定。

第六百三十八条　试用买卖的买受人在试用期内可以购买标的物，

也可以拒绝购买。试用期限届满，买受人对是否购买标的物未作表示的，视为购买。试用买卖的买受人在试用期内已经支付部分价款或者对标的物实施出卖、出租、设立担保物权等行为的，视为同意购买。

第六百三十九条　试用买卖的当事人对标的物使用费没有约定或者约定不明确的，出卖人无权请求买受人支付。

第六百四十条　标的物在试用期内毁损、灭失的风险由出卖人承担。

第六百四十一条　当事人可以在买卖合同中约定买受人未履行支付价款或者其他义务的，标的物的所有权属于出卖人。出卖人对标的物保留的所有权，未经登记，不得对抗善意第三人。

第六百四十二条　当事人约定出卖人保留合同标的物的所有权，在标的物所有权转移前，买受人有下列情形之一，造成出卖人损害的，除当事人另有约定外，出卖人有权取回标的物：（一）未按照约定支付价款，经催告后在合理期限内仍未支付；（二）未按照约定完成特定条件；（三）将标的物出卖、出质或者作出其他不当处分。出卖人可以与买受人协商取回标的物；协商不成的，可以参照适用担保物权的实现程序。

第六百四十三条　出卖人依据前条第一款的规定取回标的物后，买受人在双方约定或者出卖人指定的合理回赎期限内，消除出卖人取回标的物的事由的，可以请求回赎标的物。买受人在回赎期限内没有回赎标的物，出卖人可以以合理价格将标的物出卖给第三人，出卖所得价款扣除买受人未支付的价款以及必要费用后仍有剩余的，应当返还买受人；不足部分由买受人清偿。

第六百四十四条　招标投标买卖的当事人的权利和义务以及招标投标程序等，依照有关法律、行政法规的规定。

第六百四十五条　拍卖的当事人的权利和义务以及拍卖程序等，依照有关法律、行政法规的规定。

第六百四十六条　法律对其他有偿合同有规定的，依照其规定；没有规定的，参照适用买卖合同的有关规定。

第六百四十七条　当事人约定易货交易，转移标的物的所有权的，参照适用买卖合同的有关规定。

附录 B　最高人民法院关于审理买卖合同纠纷案件适用法律问题的解释

（2020 修正）

（2012 年 3 月 31 日由最高人民法院审判委员会第 1545 次会议通过，根据 2020 年 12 月 23 日最高人民法院审判委员会第 1823 次会议通过的《最高人民法院关于修改〈最高人民法院关于在民事审判工作中适用 < 中华人民共和国工会法 > 若干问题的解释〉等二十七件民事类司法解释的决定》修正）

时 效 性：现行有效

发文机关：最高人民法院

文　　号：法释〔2020〕17 号

发文日期：2020 年 12 月 29 日

施行日期：2021 年 01 月 01 日

为正确审理买卖合同纠纷案件，根据《中华人民共和国民法典》《中华人民共和国民事诉讼法》等法律的规定，结合审判实践，制定本解释。

一、买卖合同的成立

第一条　当事人之间没有书面合同，一方以送货单、收货单、结算单、发票等主张存在买卖合同关系的，人民法院应当结合当事人之间的交易方式、交易习惯以及其他相关证据，对买卖合同是否成立作出认定。

对账确认函、债权确认书等函件、凭证没有记载债权人名称，买卖合同当事人一方以此证明存在买卖合同关系的，人民法院应予支持，但有相反证据足以推翻的除外。

二、标的物交付和所有权转移

第二条　标的物为无需以有形载体交付的电子信息产品，当事人对交付方式约定不明确，且依照民法典第五百一十条的规定仍不能确定的，买受人收到约定的电子信息产品或者权利凭证即为交付。

第三条　根据民法典第六百二十九条的规定，买受人拒绝接收多交部分标的物的，可以代为保管多交部分标的物。买受人主张出卖人负担代为保管期间的合理费用的，人民法院应予支持。

买受人主张出卖人承担代为保管期间非因买受人故意或者重大过失造成的损失的，人民法院应予支持。

第四条　民法典第五百九十九条规定的“提取标的物单证以外的有关单证和资料”，主要应当包括保险单、保修单、普通发票、增值税专用发票、产品合格证、质量保证书、质量鉴定书、品质检验证书、产品进出口检疫书、原产地证明书、使用说明书、装箱单等。

第五条　出卖人仅以增值税专用发票及税款抵扣资料证明其已履行交付标的物义务，买受人不认可的，出卖人应当提供其他证据证明交付标的物的事实。

合同约定或者当事人之间习惯以普通发票作为付款凭证，买受人以普通发票证明已经履行付款义务的，人民法院应予支持，但有相反证据足以推翻的除外。

第六条　出卖人就同一普通动产订立多重买卖合同，在买卖合同均有效的情况下，买受人均要求实际履行合同的，应当按照以下情形分别处理：

（一）先行受领交付的买受人请求确认所有权已经转移的，人民法院应予支持；

（二）均未受领交付，先行支付价款的买受人请求出卖人履行交付标的物等合同义务的，人民法院应予支持；

（三）均未受领交付，也未支付价款，依法成立在先合同的买受人请求出卖人履行交付标的物等合同义务的，人民法院应予支持。

第七条　出卖人就同一船舶、航空器、机动车等特殊动产订立多重买卖合同，在买卖合同均有效的情况下，买受人均要求实际履行合同的，应当按照以下情形分别处理：

（一）先行受领交付的买受人请求出卖人履行办理所有权转移登记手续等合同义务的，人民法院应予支持；

（二）均未受领交付，先行办理所有权转移登记手续的买受人请求出卖人履行交付标的物等合同义务的，人民法院应予支持；

（三）均未受领交付，也未办理所有权转移登记手续，依法成立在先合同的买受人请求出卖人履行交付标的物和办理所有权转移登记手续等合同义务的，人民法院应予支持；

（四）出卖人将标的物交付给买受人之一，又为其他买受人办理所有权转移登记，已受领交付的买受人请求将标的物所有权登记在自己名下的，人民法院应予支持。

三、标的物风险负担

第八条　民法典第六百零三条第二款第一项规定的“标的物需要运输的”，是指标的物由出卖人负责办理托运，承运人系独立于买卖合同当事人之外的运输业者的情形。标的物毁损、灭失的风险负担，按照民法典第六百零七条第二款的规定处理。

第九条　出卖人根据合同约定将标的物运送至买受人指定地点并交付给承运人后，标的物毁损、灭失的风险由买受人负担，但当事人另有约定的除外。

第十条　出卖人出卖交由承运人运输的在途标的物，在合同成立时知道或者应当知道标的物已经毁损、灭失却未告知买受人，买受人主张出卖人负担标的物毁损、灭失的风险的，人民法院应予支持。

第十一条　当事人对风险负担没有约定，标的物为种类物，出卖人未以装运单据、加盖标记、通知买受人等可识别的方式清楚地将标的物特定于买卖合同，买受人主张不负担标的物毁损、灭失的风险的，人民法院应予支持。

四、标的物检验

第十二条　人民法院具体认定民法典第六百二十一条第二款规定的“合理期限”时，应当综合当事人之间的交易性质、交易目的、交易方式、交易习惯、标的物的种类、数量、性质、安装和使用情况、瑕疵的性质、买受人应尽的合理注意义务、检验方法和难易程度、买受人或者检验人所处的具体环境、自身技能以及其他合理因素，依据诚实信用原则进行判断。

民法典第六百二十一条第二款规定的“二年”是最长的合理期限。

该期限为不变期间，不适用诉讼时效中止、中断或者延长的规定。

第十三条　买受人在合理期限内提出异议，出卖人以买受人已经支付价款、确认欠款数额、使用标的物等为由，主张买受人放弃异议的，人民法院不予支持，但当事人另有约定的除外。

第十四条　民法典第六百二十一条规定的检验期限、合理期限、二年期限经过后，买受人主张标的物的数量或者质量不符合约定的，人民法院不予支持。

出卖人自愿承担违约责任后，又以上述期限经过为由翻悔的，人民法院不予支持。

五、违约责任

第十五条　买受人依约保留部分价款作为质量保证金，出卖人在质量保证期未及时解决质量问题而影响标的物的价值或者使用效果，出卖人主张支付该部分价款的，人民法院不予支持。

第十六条　买受人在检验期限、质量保证期、合理期限内提出质量异议，出卖人未按要求予以修理或者因情况紧急，买受人自行或者通过第三人修理标的物后，主张出卖人负担因此发生的合理费用的，人民法院应予支持。

第十七条　标的物质量不符合约定，买受人依照民法典第五百八十二条的规定要求减少价款的，人民法院应予支持。当事人主张以符合约定的标的物和实际交付的标的物按交付时的市场价值计算差价的，人民法院应予支持。

价款已经支付，买受人主张返还减价后多出部分价款的，人民法院应予支持。

第十八条　买卖合同对付款期限作出的变更，不影响当事人关于逾期付款违约金的约定，但该违约金的起算点应当随之变更。

买卖合同约定逾期付款违约金，买受人以出卖人接受价款时未主张逾期付款违约金为由拒绝支付该违约金的，人民法院不予支持。

买卖合同约定逾期付款违约金，但对账单、还款协议等未涉及逾期付款责任，出卖人根据对账单、还款协议等主张欠款时请求买受人依约支付逾期付款违约金的，人民法院应予支持，但对账单、还款协议等明确载有本金及逾期付款利息数额或者已经变更买卖合同中关于本金、利息等约定内容的除外。

买卖合同没有约定逾期付款违约金或者该违约金的计算方法，出卖人以买受人违约为由主张赔偿逾期付款损失，违约行为发生在 2019 年 8 月 19 日之前的，人民法院可以中国人民银行同期同类人民币贷款基准利率为基础，参照逾期罚息利率标准计算；违约行为发生在 2019 年 8 月 20 日之后的，人民法院可以违约行为发生时中国人民银行授权全国银行间同业拆借中心公布的一年期贷款市场报价利率（LPR）标准为基础，加计 30—50% 计算逾期付款损失。

第十九条　出卖人没有履行或者不当履行从给付义务，致使买受人不能实现合同目的，买受人主张解除合同的，人民法院应当根据民法典第五百六十三条第一款第四项的规定，予以支持。

第二十条　买卖合同因违约而解除后，守约方主张继续适用违约金条款的，人民法院应予支持；但约定的违约金过分高于造成的损失的，人民法院可以参照民法典第五百八十五条第二款的规定处理。

第二十一条　买卖合同当事人一方以对方违约为由主张支付违约金，对方以合同不成立、合同未生效、合同无效或者不构成违约等为由进行免责抗辩而未主张调整过高的违约金的，人民法院应当就法院若不支持免责抗辩，当事人是否需要主张调整违约金进行释明。

一审法院认为免责抗辩成立且未予释明，二审法院认为应当判决支付违约金的，可以直接释明并改判。

第二十二条　买卖合同当事人一方违约造成对方损失，对方主张赔偿可得利益损失的，人民法院在确定违约责任范围时，应当根据当事人的主张，依据民法典第五百八十四条、第五百九十一条、第五百九十二条、本解释第二十三条等规定进行认定。

第二十三条　买卖合同当事人一方因对方违约而获有利益，违约方主张从损失赔偿额中扣除该部分利益的，人民法院应予支持。

第二十四条　买受人在缔约时知道或者应当知道标的物质量存在瑕疵，主张出卖人承担瑕疵担保责任的，人民法院不予支持，但买受人在缔约时不知道该瑕疵会导致标的物的基本效用显著降低的除外。

六、所有权保留

第二十五条　买卖合同当事人主张民法典第六百四十一条关于标的物所有权保留的规定适用于不动产的，人民法院不予支持。

第二十六条　买受人已经支付标的物总价款的百分之七十五以上，出卖人主张取回标的物的，人民法院不予支持。

在民法典第六百四十二条第一款第三项情形下，第三人依据民法典第三百一十一条的规定已经善意取得标的物所有权或者其他物权，出卖人主张取回标的物的，人民法院不予支持。

七、特种买卖

第二十七条　民法典第六百三十四条第一款规定的“分期付款”，系指买受人将应付的总价款在一定期限内至少分三次向出卖人支付。

分期付款买卖合同的约定违反民法典第六百三十四条第一款的规

定，损害买受人利益，买受人主张该约定无效的，人民法院应予支持。

第二十八条　分期付款买卖合同约定出卖人在解除合同时可以扣留已受领价金，出卖人扣留的金额超过标的物使用费以及标的物受损赔偿额，买受人请求返还超过部分的，人民法院应予支持。

当事人对标的物的使用费没有约定的，人民法院可以参照当地同类标的物的租金标准确定。

第二十九条　合同约定的样品质量与文字说明不一致且发生纠纷时当事人不能达成合意，样品封存后外观和内在品质没有发生变化的，人民法院应当以样品为准；外观和内在品质发生变化，或者当事人对是否发生变化有争议而又无法查明的，人民法院应当以文字说明为准。

第三十条　买卖合同存在下列约定内容之一的，不属于试用买卖。买受人主张属于试用买卖的，人民法院不予支持：

（一）约定标的物经过试用或者检验符合一定要求时，买受人应当购买标的物；

（二）约定第三人经试验对标的物认可时，买受人应当购买标的物；

（三）约定买受人在一定期限内可以调换标的物；

（四）约定买受人在一定期限内可以退还标的物。

八、其他问题

第三十一条　出卖人履行交付义务后诉请买受人支付价款，买受人以出卖人违约在先为由提出异议的，人民法院应当按照下列情况分别处理：

（一）买受人拒绝支付违约金、拒绝赔偿损失或者主张出卖人应当采取减少价款等补救措施的，属于提出抗辩；

（二）买受人主张出卖人应支付违约金、赔偿损失或者要求解除合同的，应当提起反诉。

第三十二条　法律或者行政法规对债权转让、股权转让等权利转让合同有规定的，依照其规定；没有规定的，人民法院可以根据民法典第四百六十七条和第六百四十六条的规定，参照适用买卖合同的有关规定。

权利转让或者其他有偿合同参照适用买卖合同的有关规定的，人民法院应当首先引用民法典第六百四十六条的规定，再引用买卖合同的有关规定。

第三十三条　本解释施行前本院发布的有关购销合同、销售合同等有偿转移标的物所有权的合同的规定，与本解释抵触的，自本解释施行之日起不再适用。

本解释施行后尚未终审的买卖合同纠纷案件，适用本解释；本解释施行前已经终审，当事人申请再审或者按照审判监督程序决定再审的，不适用本解释。

附录C　最高人民法院关于审理商品房买卖合同纠纷案件适用法律若干问题的解释

（2020修正）

（2003年3月24日由最高人民法院审判委员会第1267次会议通过，根据2020年12月23日最高人民法院审判委员会第1823次会议通过的《最高人民法院关于修改〈最高人民法院关于在民事审判工作中适用<中华人民共和国工会法>若干问题的解释〉等二十七件民事类司法解释的决定》修正）

时 效 性：现行有效
发文机关：最高人民法院
文　　号：法释〔2020〕17号
发文日期：2020年12月29日
施行日期：2021年01月01日

为正确、及时审理商品房买卖合同纠纷案件，根据《中华人民共和国民法典》《中华人民共和国城市房地产管理法》等相关法律，结合民事审判实践，制定本解释。

第一条　本解释所称的商品房买卖合同，是指房地产开发企业（以下统称为出卖人）将尚未建成或者已竣工的房屋向社会销售并转移房屋所有权于买受人，买受人支付价款的合同。

第二条　出卖人未取得商品房预售许可证明，与买受人订立的商品房预售合同，应当认定无效，但是在起诉前取得商品房预售许可证明的，可以认定有效。

第三条　商品房的销售广告和宣传资料为要约邀请，但是出卖人就商品房开发规划范围内的房屋及相关设施所作的说明和允诺具体确定，并对商品房买卖合同的订立以及房屋价格的确定有重大影响的，构成要约。该说明和允诺即使未载入商品房买卖合同，亦应当为合同内容，当事人违反的，应当承担违约责任。

第四条　出卖人通过认购、订购、预订等方式向买受人收受定金作为订立商品房买卖合同担保的，如果因当事人一方原因未能订立商品房买卖合同，应当按照法律关于定金的规定处理；因不可归责于当事人双方的事由，导致商品房买卖合同未能订立的，出卖人应当将定金返还买受人。

第五条　商品房的认购、订购、预订等协议具备《商品房销售管理办法》第十六条规定的商品房买卖合同的主要内容，并且出卖人已经按照约定收受购房款的，该协议应当认定为商品房买卖合同。

第六条　当事人以商品房预售合同未按照法律、行政法规规定办理登记备案手续为由，请求确认合同无效的，不予支持。

当事人约定以办理登记备案手续为商品房预售合同生效条件的，从其约定，但当事人一方已经履行主要义务，对方接受的除外。

第七条　买受人以出卖人与第三人恶意串通，另行订立商品房买卖合同并将房屋交付使用，导致其无法取得房屋为由，请求确认出卖人与第三人订立的商品房买卖合同无效的，应予支持。

第八条　对房屋的转移占有，视为房屋的交付使用，但当事人另有约定的除外。

房屋毁损、灭失的风险，在交付使用前由出卖人承担，交付使用后由买受人承担；买受人接到出卖人的书面交房通知，无正当理由拒绝接收的，房屋毁损、灭失的风险自书面交房通知确定的交付使用之日起由买受人承担，但法律另有规定或者当事人另有约定的除外。

第九条　因房屋主体结构质量不合格不能交付使用，或者房屋交付使用后，房屋主体结构质量经核验确属不合格，买受人请求解除合同和赔偿损失的，应予支持。

第十条　因房屋质量问题严重影响正常居住使用，买受人请求解除合同和赔偿损失的，应予支持。

交付使用的房屋存在质量问题，在保修期内，出卖人应当承担修复责任；出卖人拒绝修复或者在合理期限内拖延修复的，买受人可以自行或者委托他人修复。修复费用及修复期间造成的其他损失由出卖人承担。

第十一条　根据民法典第五百六十三条的规定，出卖人迟延交付房屋或者买受人迟延支付购房款，经催告后在三个月的合理期限内仍未履行，解除权人请求解除合同的，应予支持，但当事人另有约定的除外。

法律没有规定或者当事人没有约定，经对方当事人催告后，解除权行使的合理期限为三个月。对方当事人没有催告的，解除权人自知道或者应当知道解除事由之日起一年内行使。逾期不行使的，解除权消灭。

第十二条　当事人以约定的违约金过高为由请求减少的，应当以违约金超过造成的损失 30% 为标准适当减少；当事人以约定的违约金低于造成的损失为由请求增加的，应当以违约造成的损失确定违约金数额。

第十三条　商品房买卖合同没有约定违约金数额或者损失赔偿额计算方法，违约金数额或者损失赔偿额可以参照以下标准确定：

逾期付款的，按照未付购房款总额，参照中国人民银行规定的金融机构计收逾期贷款利息的标准计算。

逾期交付使用房屋的，按照逾期交付使用房屋期间有关主管部门公布或者有资格的房地产评估机构评定的同地段同类房屋租金标准确定。

第十四条　由于出卖人的原因，买受人在下列期限届满未能取得不动产权属证书的，除当事人有特殊约定外，出卖人应当承担违约责任：

（一）商品房买卖合同约定的办理不动产登记的期限；

（二）商品房买卖合同的标的物为尚未建成房屋的，自房屋交付使用之日起 90 日；

（三）商品房买卖合同的标的物为已竣工房屋的，自合同订立之日起 90 日。

合同没有约定违约金或者损失数额难以确定的，可以按照已付购房款总额，参照中国人民银行规定的金融机构计收逾期贷款利息的标准计算。

第十五条　商品房买卖合同约定或者城市房地产开发经营管理条例第三十二条规定的办理不动产登记的期限届满后超过一年，由于出卖人的原因，导致买受人无法办理不动产登记，买受人请求解除合同和赔偿损失的，应予支持。

第十六条　出卖人与包销人订立商品房包销合同，约定出卖人将其开发建设的房屋交由包销人以出卖人的名义销售的，包销期满未销售的房屋，由包销人按照合同约定的包销价格购买，但当事人另有约定的除外。

第十七条　出卖人自行销售已经约定由包销人包销的房屋，包销人请求出卖人赔偿损失的，应予支持，但当事人另有约定的除外。

第十八条　对于买受人因商品房买卖合同与出卖人发生的纠纷，人民法院应当通知包销人参加诉讼；出卖人、包销人和买受人对各自的权利义务有明确约定的，按照约定的内容确定各方的诉讼地位。

第十九条　商品房买卖合同约定，买受人以担保贷款方式付款、因当事人一方原因未能订立商品房担保贷款合同并导致商品房买卖合同不能继续履行的，对方当事人可以请求解除合同和赔偿损失。因不可归责于当事人双方的事由未能订立商品房担保贷款合同并导致商品房买卖合同不能继续履行的，当事人可以请求解除合同，出卖人应当将收受的购房款本金及其利息或者定金返还买受人。

第二十条　因商品房买卖合同被确认无效或者被撤销、解除，致使商品房担保贷款合同的目的无法实现，当事人请求解除商品房担保贷款合同的，应予支持。

第二十一条　以担保贷款为付款方式的商品房买卖合同的当事人一方请求确认商品房买卖合同无效或者撤销、解除合同的，如果担保权人作为有独立请求权第三人提出诉讼请求，应当与商品房担保贷款合同纠纷合并审理；未提出诉讼请求的，仅处理商品房买卖合同纠纷。担保权人就商品房担保贷款合同纠纷另行起诉的，可以与商品房买卖合同纠纷合并审理。

商品房买卖合同被确认无效或者被撤销、解除后，商品房担保贷款合同也被解除的、出卖人应当将收受的购房贷款和购房款的本金及利息分别返还担保权人和买受人。

第二十二条　买受人未按照商品房担保贷款合同的约定偿还贷款，亦未与担保权人办理不动产抵押登记手续，担保权人起诉买受人，请求处分商品房买卖合同项下买受人合同权利的，应当通知出卖人参加诉讼；担保权人同时起诉出卖人时，如果出卖人为商品房担保贷款合同提供保证的，应当列为共同被告。

第二十三条　买受人未按照商品房担保贷款合同的约定偿还贷款，但是已经取得不动产权属证书并与担保权人办理了不动产抵押登记手续，抵押权人请求买受人偿还贷款或者就抵押的房屋优先受偿的，不应当追加出卖人为当事人，但出卖人提供保证的除外。

第二十四条　本解释自2003年6月1日起施行。

城市房地产管理法施行后订立的商品房买卖合同发生的纠纷案件，本解释公布施行后尚在一审、二审阶段的，适用本解释。

城市房地产管理法施行后订立的商品房买卖合同发生的纠纷案件，在本解释公布施行前已经终审，当事人申请再审或者按照审判监督程序决定再审的，不适用本解释。

城市房地产管理法施行前发生的商品房买卖行为，适用当时的法律、法规和《最高人民法院〈关于审理房地产管理法施行前房地产开发经营案件若干问题的解答〉》。

附录D　最高人民法院关于印发《全国法院贯彻实施民法典工作会议纪要》的通知

时 效 性：现行有效

发文机关：最高人民法院

文　　号：法〔2021〕94号

发文日期：2021年04月06日

施行日期：2021年04月06日

各省、自治区、直辖市高级人民法院，解放军军事法院，新疆维吾尔自治区高级人民法院生产建设兵团分院：

《全国法院贯彻实施民法典工作会议纪要》（以下简称《会议纪要》）已于2021年3月15日经最高人民法院审判委员会第1834次会议通过。为便于进一步学习领会和正确适用《会议纪要》，现作如下通知：

一、充分认识《会议纪要》出台的意义

《会议纪要》以习近平法治思想为指导，就当前人民法院贯彻实施民法典工作中需要重点解决的法律适用问题和有关工作机制完善问题作出具体规定，对于确保民法典正确实施，统一法律适用标准，平等保护各方当事人合法权益，服务保障经济社会高质量发展具有十分重要的意义。各级人民法院要全面把握、准确理解《会议纪要》的精神实质和基本内容。

二、认真组织学习培训

各级人民法院要通过多种形式组织学习培训，做好宣传工作，帮助广大法官、司法辅助人员和其他有关人员准确理解《会议纪要》的精神实质，在案件审理中正确适用。

三、准确把握《会议纪要》的应用范围

纪要不是司法解释，不得作为裁判依据援引。《会议纪要》发布后，人民法院对尚未审结的一审、二审案件，在裁判文书“本院认为”部分具体分析法律适用的理由时，可以根据《会议纪要》的相关规定进行说理。

对于适用中存在的问题，请及时层报最高人民法院。

最高人民法院

2021年4月6日

附录E　全国法院贯彻实施民法典工作会议纪要

为深入学习贯彻习近平法治思想，切实实施民法典，统一法律适用标准，服务保障经济社会高质量发展，指导各级人民法院依法公正高效审理各类民事案件，最高人民法院于2021年1月4日在北京以视频方式召开全国法院贯彻实施民法典工作会议。最高人民法院党组书记、院长周强同志出席会议并讲话，党组副书记、常务副院长贺荣同志主持会议并作了总结，审判委员会副部级专职委员刘贵祥同志就《全

国法院贯彻实施民法典工作会议纪要》的起草情况和主要内容作了说明。各省、自治区、直辖市高级人民法院、解放军军事法院、新疆维吾尔自治区高级人民法院生产建设兵团分院院长、主管民商事审判工作的副院长、民商事审判庭负责人参加了会议，江苏、广东、河南三省高级人民法院作了专题汇报和经验交流。

会议强调，各级人民法院要坚持以习近平法治思想武装头脑、指导实践、推动工作，切实增强贯彻实施民法典的责任感使命感。会议指出，贯彻实施好民法典，是增强“四个意识”、坚定“四个自信”、做到“两个维护”的实际行动，是将党的领导和我国制度优势转化为国家治理效能的重要环节，是坚持以人民为中心，维护社会公平正义的应有之义，是服务保障“十四五”时期经济行稳致远、社会安定和谐，全面建设社会主义现代化国家的必然要求。

会议研究了当前人民法院贯彻实施民法典工作中需要重点解决的法律适用问题，包括民法典总则编、合同编有关内容的具体适用，民法典施行后有关新旧法律、司法解释的衔接适用等内容，以及有关工作机制的完善问题。现纪要如下：

一、正确适用民法典总则编、合同编的相关制度

会议要求，各级人民法院要充分发挥民事审判职能作用，切实维护人民群众合法权益。要将民法典的贯彻实施与服务经济社会高质量发展结合起来，要将弘扬社会主义核心价值观融入民法典贯彻实施工作的全过程、各领域。会议研究了《最高人民法院关于贯彻执行〈中华人民共和国民法通则〉若干问题的意见（试行）》（以下简称民通意见）、《最高人民法院关于适用〈中华人民共和国合同法〉若干问题的

解释（一）》（以下简称合同法解释一）、《最高人民法院关于适用〈中华人民共和国合同法〉若干问题的解释（二）》（以下简称合同法解释二）废止后，新的司法解释颁布前，依法适用民法典总则编、合同编需要重点关注的问题。

1. 申请宣告失踪或宣告死亡的利害关系人，包括被申请宣告失踪或宣告死亡人的配偶、父母、子女、兄弟姐妹、祖父母、外祖父母、孙子女、外孙子女以及其他与被申请人有民事权利义务关系的民事主体。宣告失踪不是宣告死亡的必经程序，利害关系人可以不经申请宣告失踪而直接申请宣告死亡。但是，为了确保各方当事人权益的平衡保护，对于配偶、父母、子女以外的其他利害关系人申请宣告死亡，人民法院审查后认为申请人通过申请宣告失踪足以保护其权利，其申请宣告死亡违背民法典第一百三十二条关于不得滥用民事权利的规定的，不予支持。

2. 行为人因对行为的性质、对方当事人、标的物的品种、质量、规格和数量等的错误认识，使行为的后果与自己的意思相悖，并造成较大损失的，人民法院可以认定为民法典第一百四十七条、第一百五十二条规定的重大误解。

3. 故意告知虚假情况，或者故意隐瞒真实情况，诱使当事人作出错误意思表示的，人民法院可以认定为民法典第一百四十八条、第一百四十九条规定的欺诈。

4. 以给自然人及其亲友的生命、身体、健康、名誉、荣誉、隐私、财产等造成损害或者以给法人、非法人组织的名誉、荣誉、财产等造成损害为要挟，迫使其作出不真实的意思表示的，人民法院可以认定为民法典第一百五十条规定的胁迫。

5. 民法典第一百八十八条第一款规定的普通诉讼时效期间，可以适用民法典有关诉讼时效中止、中断的规定，不适用延长的规定。民法典第一百八十八条第二款规定的“二十年”诉讼时效期间可以适用延长的规定，不适用中止、中断的规定。

诉讼时效根据民法典第一百九十五条的规定中断后，在新的诉讼时效期间内，再次出现第一百九十五条规定的中断事由，可以认定诉讼时效再次中断。权利人向义务人的代理人、财产代管人或者遗产管理人主张权利的，可以认定诉讼时效中断。

6. 当事人对于合同是否成立发生争议，人民法院应当本着尊重合同自由，鼓励和促进交易的精神依法处理。能够确定当事人名称或者姓名、标的和数量的，人民法院一般应当认定合同成立，但法律另有规定或者当事人另有约定的除外。

对合同欠缺的当事人名称或者姓名、标的和数量以外的其他内容，当事人达不成协议的，人民法院依照民法典第四百六十六条、第五百一十条、第五百一十一条等规定予以确定。

7. 提供格式条款的一方对格式条款中免除或者减轻其责任等与对方有重大利害关系的内容，在合同订立时采用足以引起对方注意的文字、符号、字体等特别标识，并按照对方的要求以常人能够理解的方式对该格式条款予以说明的，人民法院应当认定符合民法典第四百九十六条所称“采取合理的方式”。提供格式条款一方对已尽合理提示及说明义务承担举证责任。

8. 民法典第五百三十五条规定的“债务人怠于行使其债权或者与该债权有关的从权利，影响债权人的到期债权实现的”，是指债务人不履行其对债权人的到期债务，又不以诉讼方式或者仲裁方式向相对人主张其享有的债权或者与该债权有关的从权利，致使债权人的到期债权未能实现。相对人不认为债务人有怠于行使其债权或者与该债权有关的从权利情况的，应当承担举证责任。

9. 对于民法典第五百三十九条规定的明显不合理的低价或者高价，人民法院应当以交易当地一般经营者的判断，并参考交易当时交易地的物价部门指导价或者市场交易价，结合其他相关因素综合考虑予以认定。

转让价格达不到交易时交易地的指导价或者市场交易价百分之七十的，一般可以视为明显不合理的低价；对转让价格高于当地指导价或者市场交易价百分之三十的，一般可以视为明显不合理的高价。当事人对于其所主张的交易时交易地的指导价或者市场交易价承担举证责任。

10. 当事人一方违反民法典第五百五十八条规定的通知、协助、保密、旧物回收等义务，给对方当事人造成损失，对方当事人请求赔偿实际损失的，人民法院应当支持。

11. 民法典第五百八十五条第二款规定的损失范围应当按照民法典第五百八十四条规定确定，包括合同履行后可以获得的利益，但不得超过违约一方订立合同时预见到或者应当预见到的因违约可能造成的损失。

当事人请求人民法院增加违约金的，增加后的违约金数额以不超过民法典第五百八十四条规定的损失为限。增加违约金以后，当事人又请求对方赔偿损失的，人民法院不予支持。

当事人请求人民法院减少违约金的，人民法院应当以民法典第五百八十四条规定的损失为基础，兼顾合同的履行情况、当事人的过错程度等综合因素，根据公平原则和诚信原则予以衡量，并作出裁判。约定的违约金超过根据民法典第五百八十四条规定确定的损失的百分之三十的，一般可以认定为民法典第五百八十五条第二款规定的“过分高于造成的损失”。当事人主张约定的违约金过高请求予以适当减少的，应当承担举证责任；相对人主张违约金约定合理的，也应提供相应的证据。

12. 除上述内容外，对于民通意见、合同法解释一、合同法解释二的实体性规定所体现的精神，与民法典及有关法律不冲突且在司法实践中行之有效的，如民通意见第 2 条关于以自己的劳动收入为主要生活来源的认定规则等，人民法院可以在裁判文书说理时阐述。上述司法解释中的程序性规定的精神，与民事诉讼法及相关法律不冲突的，如合同法解释一第十四条、第二十三条等，人民法院可以在办理程序性事项时作为参考。

二、准确把握民法典及相关司法解释的新旧衔接适用

会议要求，各级人民法院要把系统观念落实到贯彻实施工作各方面，全面准确适用民法典及相关司法解释，特别是要准确把握民法典施行后的新旧法律、司法解释的衔接适用问题。会议强调，要认真学习贯彻《最高人民法院关于适用〈中华人民共和国民法典〉时间效力的若干规定》（以下简称《时间效力规定》）等 7 件新制定司法解释、《最高人民法院关于废止部分司法解释及相关规范性文件的决定》（以下简称《废止决定》）以及《最高人民法院关于修改〈最高人民法院关于在民事审判工作中适用 < 中华人民共和国工会法 > 若干问题的解释〉等二十七件民事类司法解释的决定》等 5 个修改决定（以下简称《修改决定》）的基本精神，在审判中准确把握适用民法典的时间效力问题，既彰显民法典的制度价值，又不背离当事人基于原有法律所形成的合理预期，确保法律的统一适用。

13. 正确适用《时间效力规定》，处理好新旧法律、司法解释的衔接适用问题。坚持“法不溯及既往”的基本原则，依法保护当事人的合理预期。民法典施行前的法律事实引起的民事纠纷案件，适用当时的法律、司法解释的规定，但《时间效力规定》另有规定的除外。

当时的法律、司法解释包括根据民法典第一千二百六十条规定废止的法律，根据《废止决定》废止的司法解释及相关规范性文件，《修改决定》所涉及的修改前的司法解释。

14. 人民法院审理民事纠纷案件，根据《时间效力规定》应当适用民法典的，同时适用民法典相关司法解释，但是该司法解释另有规定的除外。

15. 人民法院根据案件情况需要引用已废止的司法解释条文作为裁判依据时，先列明《时间效力规定》相关条文，后列明该废止的司法解释条文。需要同时引用民法通则、合同法等法律及行政法规的，按照《最高人民法院关于裁判文书引用法律、法规等规范性法律文件的规定》确定引用条文顺序。

16. 人民法院需要引用《修改决定》涉及的修改前的司法解释条文作为裁判依据时，先列明《时间效力规定》相关条文，后列明修改前司法解释名称、相应文号和具体条文。人民法院需要引用修改后的司法解释作为裁判依据时，可以在相应名称后以括号形式注明该司法解释的修改时间。

17. 民法典施行前的法律事实引起的民事纠纷案件，根据《时间效力规定》应当适用民法典的，同时列明民法典的具体条文和《时间效力规定》的相关条文。民法典施行后的法律事实引起的民事纠纷案件，裁判文书引用法律、司法解释时，不必引用《时间效力规定》的相关条文。

18. 从严把握溯及适用民法典规定的情形，确保法律适用统一。除《时间效力规定》第二部分所列具体规定外，人民法院在审理有关民事纠纷案件时，认为符合《时间效力规定》第二条溯及适用民法典情形的，应当做好类案检索，经本院审判委员会讨论后层报高级人民法院。高级人民法院审判委员会讨论后认为符合《时间效力规定》第二条规定的“三个更有利于”标准，应当溯及适用民法典规定的，报最高人民法院备案。最高人民法院将适时发布相关指导性案例或者典型案例，加强对下指导。

三、切实加强适用民法典的审判指导和调查研究工作

会议要求，各级人民法院要把贯彻实施民法典作为一项重大政治任务，加强组织领导，强化责任担当，做好审判指导监督，扎实抓好调查研究，注重总结审判实践经验，建立健全保障民法典贯彻实施的长效机制，确保民法典在全国法院统一正确实施。

19. 要结合民法典立法精神和规定，将权利保护理念融入审判执行工作各环节，切实保护人民群众的人身权利、财产权利以及其他合法权益，不断增进人民福祉、促进人的全面发展。要加大产权司法保护力度，依法全面平等保护各类产权，坚决防止利用刑事手段插手民事纠纷，坚决防止把经济纠纷当作犯罪处理，坚决防止将民事责任变为刑事责任，让企业家专心创业、放心投资、安心经营。

20. 要牢固树立法典化思维，确立以民法典为中心的民事实体法律适用理念。准确把握民法典各编之间关系，充分认识“总则与分则”“原则与规则”“一般与特殊”的逻辑体系，综合运用文义解释、体系解释和目的解释等方法，全面、准确理解民法典核心要义，避免断章取义。

全面认识各编的衔接配合关系，比如合同编通则中关于债权债务的规定，发挥了债法总则的功能作用，对于合同之债以外的其他债权债务关系同样具有适用效力。

21. 要加强对民法典具体法律适用问题的调查研究，尤其是加强对民法典的新增规定或者对原有民事法律制度有重大修改的规定适用情况的调查研究，不断探索积累经验。有关民法典适用的新情况、新问题及时层报最高人民法院，为最高人民法院及时制定民法典总则编、合同编等相关司法解释提供有力实践支撑。要特别注重发挥民法典对新技术新模式新业态的促进和保障作用，为人民法院依法公正高效审理涉及人工智能、大数据、区块链等新技术，数字经济、平台经济、共享经济等新模式，外卖骑手、快递小哥、网约车司机等新业态的民事纠纷案件积累司法经验。